JON FEENSTRA

PANZERWAFFE ON THE BATTLEFIELD 2

★ WORLD WAR TWO PHOTOBOOK SERIES ★

volume 21

Kiadja / Published by
PeKo Publishing Kft.
8360 Keszthely, Bessenyei György utca 37., Hungary
Email: info@pekobooks.com
www.pekobooks.com

Felelős kiadó / Responsible publisher
Péter Kocsis

Írta / Author
Jon Feenstra

A magyar szöveget szakmailag lektorálta / Hungarian text's proofreading
Norbert Számvéber

Tördelés, retus / Layout, retouch
nadam.hu

Printed in Hungary

Fotók / Photos
Péter Kocsis, Karlheinz Münch, Paul Johnson, NARA, ECPAD, TsAMO, AMC, Nationalmuseet i København

Kiadás éve / First published
2020

ISBN 978-615-5583-23-0
ISSN 2063-9503

KÖSZÖNETNYILVÁNÍTÁS

Mindamellett, hogy számos angol nyelvű kiadványának ellenőrzésében segítettem, immáron a harmadik könyvet írom a PeKo Publishingnek – így újfent köszönöm Kocsis Péternek a bizalmat és a lehetőséget, hogy támogathatom a kiadó munkáját. Akárcsak korábban, most is rengeteg segítséget kaptam a velem hasonló gondolatvilágú barátaimtól (mely támogatás minden egyes általam írt könyv megszületésével fokozatosan növekszik), akik mindig, minden szőrszálhasogatás nélkül megválaszolták a kérdéseimet. Az esetleg felbukkanó tévedések az én hibámból születtek. Természetesen lehetetlen lett volna e könyv megírása a barátaim, és különösen a családom – szüleim, John és Helen, bátyám és felesége, Greg és Loreen, húgom Evelyn, két gyönyörű gyermekem, Jessica és Ian és persze életem szerelme, Sandy – támogatása nélkül.

Jon Feenstra

ACKNOWLEDGEMENTS

This being my third book for Peko, as well the English editing of numerous other Peko titles, I must continue to thank Peter Kocsis for having faith in me to support his publishing efforts. As usual, my support network of like-minded individuals is great (and continues to grow with each book – thank you Stefano and Peter) and they continue to answer my queries with little or no fanfare. Any mistakes however, are my own. And of course nothing is possible without the support of friends and particularly family – my parents John & Helen, brother and sister-in-law Greg & Loreen and sister Evelyn, my two wonderful children Jessica & Ian, and of course the love in my life, Sandy.

Jon Feenstra

BEVEZETŐ

Szigorúan véve, a „Panzerwaffe" megnevezés a harckocsikra és a felfegyverzett páncélosokra vonatkozik. A Wehrmacht (a német fegyveres erők) tekintetében a Panzerwaffe a Heer (német szárazföldi haderő) részét képezte, amely a páncélozott alakulatokat foglalta magába.

Németország – Heinz Guderian zsenialitásával és előrelátásával az élen – hamar felismerte, hogy a jövő konfliktusában rendkívül fontos szerepe lesz a páncélos erőknek. Noha a Wehrmacht soraiban számos olyan ellenzője akadt e nézetnek, akiknek a meggyőződése szerint a tüzérség és a páncéltörő fegyverek sikeresen el tudnak majd hárítani bármilyen páncélos támadást, Guderian kitartott álláspontja mellett és folyamatosan fejlesztette a fegyvernemre vonatkozó eljárásokat és finomította az alakulatok hadrendjét, hogy bebizonyítsa azok hatékonyságát. Németország páncélos fegyverneme számára sajnálatos módon mindaddig nem gyárthatott harckocsikat, míg 1933-ban Hitler és a nemzetiszocialisták hatalomrajutásával fel nem mondta a Versailles-i szerződést. Guderian emiatt arra kényszerült, hogy a különböző hadgyakorlatokon és bemutatókon egyszerű, gépkocsikra szerelt utánzatokat használjon, ami azonban nem igazán segített meggyőzni a Reichswehr (a Wehrmacht elődje) soraiban szolgáló ellenlábasait. A gyermekcipőben járó Panzerwaffe fejlesztése 1931-ben kapott lendületet, amikor Oswald Lutzot nevezték ki a Verkehrstruppen 6 (In 6 – a Gépkocsizó Csapatok Osztálya) élére. Lutz felismerte a Guderian elképzeléseiben rejlő előnyöket, így 1933-ra már igencsak erőltette az olyan harckocsizó alakulatok felállítását, amelyek képesek a többi fegyvernemtől függetlenül tevékenykedni és eredményesen felvenni a harcot a lehetséges ellenfelek területet védő harceljárásaival szemben. Ezzel kezdetét vette Németország erőfeszítése a páncélosfölény kivívásáért, amelynek eredményeként 1934-ben lehetőség született a „Panzerwaffe" első páncélos seregteste, az 1. páncéloshadosztály felállításának megalapozására.

Noha a Versailles-i békeszerződés értelmében Németország nem fejleszthetett és nem gyárthatott harckocsikat, az országot semmi sem gátolta meg abban, hogy mindezt titokban megtegye más országok területén. A szerződés ugyanis nem tiltotta, hogy német cégek külföldön gyártsanak fegyvereket. Talán ennél is fontosabb volt azonban az a tény, hogy egy, a Szovjetunióval kötött titkos megállapodás értelmében Németország igénybe vehette az Oroszország mélyén fekvő kísérleti- és kiképzőpályákat, ami döntő jelentőségű volt – lehetőség nyílt a teljesen új fejlesztésű páncélosok kipróbálására, illetve a „Panzerwaffe" ifjú tisztjeinek és altisztjeinek kiképzésére. Az új harckocsik fejlesztése az 1920-as évek végén, a 30-as évek elején vette kezdetét. A német szakemberek elismerték a gyalogságot támogató páncélosok fontosságát – ami lényegében megfelelt a lehetséges ellenfelek nézőpontjának – ugyanakkor felismerték, hogy jóval nagyobb hangsúlyt kell fektetniük az ellenséges harckocsik elleni harcra. Ennek érdekében a géppuskákkal és 2 cm-es harckocsiágyúkkal, illetve nagyobb, 7,5 cm-es löveggel felszerelt, a gyalogság támogatására szánt harckocsik fejlesztésével párhuzamosan megkezdték egy olyan páncélos fejlesztését, amely főfegyverzetének a 3,7 cm-es harckocsiágyút szánták, és páncélzata ellenállt a hasonló űrméretű fegyverek találatainak. A német ipar azonban képtelen volt lépést tartani az igényekkel, így amikor 1935-ben felállították az első három páncéloshadosztályt, azok páncélosállományának zömét a könnyű Panzerkampfwagen I alkotta, amely kiválóan megfelelt kiképzési célokra, másra azonban nemigen.

Németország katonai döntéshozói végül arra a megállapításra jutottak, hogy új páncéloshadosztályaiknak olyan összfegyvernemi seregtesteknek kell lenniük, amelyek képesek önállóan tevékenykedni a harctéren. Ennek elérése végett „összegyúrták" a páncélosdandárokat a gyalogsággal és a különböző szükséges fegyvernemekkel – tüzérséggel, felderítőkkel, páncéltörőkkel, légvédelmi tüzérekkel, híradó katonákkal és utászokkal. Hamar nyilvánvalóvá vált, hogy az alakulat összes elemének mozgékonyságot kell biztosítani, hogy azok lépést tudjanak tartani a támadó csapatokkal. Ennek érdekében szinte a háború utolsó napjáig fejlesztették a járműveket, hogy azok mindinkább megfeleljenek a „Panzerwaffe" összfegyvernemi elvárásainak.

PANZERTRUPPEN – PÁNCÉLOS CSAPATOK

A „Panzerwaffe" magját természetesen a harckocsizó erők, a páncélos csapatok jelentették. Ennek alapját a páncélososztályok (Panzer-Abteilung) adták, amelyek jellemzően egy törzsből (Stab) és három páncélosszázadból (Panzer-Kompanie) álltak. A második világháború kezdetekor, Lengyelország 1939. szeptember 1-ei lerohanásakor a „Fehér" hadművelet („Fall Weiss) során összesen 34 páncélososztály volt kijelölve a támadás végrehajtására. Ezek zömét a páncélosezredek (Panzer-Regiment) alárendeltségébe utalták (ezredenként két osztályt), amelyek a páncélosdandárok (Panzer-Brigade) részét képezték (dandáronként két ezred). Néhány hadosztály azonban csak egy ezredet, vagy csak egy osztályt kapott. A hadműveletben mindösszesen öt páncéloshadosztály, négy könnyű hadosztály és néhány önálló , hadseregközvetlen alakulat vett részt.

Előírás szerint egy páncélososztálynak két, egyenként öt-öt Pz.Kpfw. II és 17 Pz.Kpfw. I harckocsival felszerelt könnyűszázaddal (leichte Kompanie), illetve egy öt Pz.Kpfw. II és 14 Pz.Kpfw. IV páncélossal felszerelt közepes századdal (mittlere Kompanie) kellett rendelkeznie. Az ipari kapacitás azonban képtelen volt lépést tartani a gyorsan fejlődő fegyvernem igényeivel, így a páncéloscsapatokat és a páncélososztályok zömét túlnyomórészt Pz.Kpfw. I és II típusokkal látták el. A hadművelet idején rendelkezésre álló 2461 harckocsi közül csupán 87 volt Pz.Kpfw. III, illetve 197 volt Pz.Kpfw. IV változat. A haderő Csehszlovákia 1938-as megszállásának köszönhetően ugyanakor további 221 cseh gyártású Pz.Kpfw. 35(t) és 38(t) könnyűharckocsival tudta kiegészíteni ezt a mennyiséget. Ezek a típusok – legalábis páncéltörő képességeiket tekintve – nagyjából egyenrangúak voltak a Pz.Kpfw. III közepes páncélosokkal.

A megfelelő felszerelés hiányának ellenére a támadást sikerült papírforma szerint végrehajtani, és így bebizonyosodtak a Guderian által oly régóta hangsúlyozott elméletek. Az első sikeres hadjárat ugyanakkor rávilágított a harcászati eljárások hiányosságaira is, és utat mutatott azok korrigálására, elősegítve ezzel a páncéloscsapatok harcászatának folyamatos javulását. A háború kiterjedésével fokozatosan nőtt az igény a csapatok mennyiségbeli fejlesztésére. A páncéloshadosztályok előírt járműállományát lassan csökkenteni kezdték, így lehetőséget teremtettek újabb alakulatok felállítására. Az 1941-es, Szovjetunió elleni „Barbarossa" hadművelet kezdetére a páncélosdandárok többségét feloszlatták és a páncéloshadosztályok ezredeinek számát egyre csökkentették, amelyek így értelemszerűen kevesebb, a korábbi körülbelül 250 darab helyett már csak 125 harckocsival rendelkeztek.

A mennyiségi hiányokat a minőség növelésével és magasszintű kiképzéssel igyekeztek pótolni. 1942 végére az arcvonalban harcoló alakulatok többsége már Pz.Kpfw. III és IV harckocsikkal rendelkezett, a Pz.Kpfw. I és II páncélosokat zömében másodlagos feladatokra – felderítésre, utánpótlás szállítására, illetve vezetési pontként - alkalmazták. Folyamatosan fejlesztették a Pz.Kpfw. III és IV típusok fegyverzetét és páncélvédelmét, hogy továbbra is megfeleljenek a harctéri követelményeknek. Míg a Pz.Kpfw. III esetében idővel elérték a fejleszthetőség maximális határait, a Pz.Kpfw. IV – egyetlen német típusként – a háború legelejétől a legvégéig (1939 – 1945 között) gyártásban maradt, amiért sokszor – igencsak találóan – a páncéloscsapatok igáslovának nevezték.

A Pz.Kpfw. IV megjelenése természetesen nem vetett véget a fejlesztéseknek. Miközben már folytak a nehezebb páncélosok tervezésének munkálatai, a szovjet T-34 és KV-1 harckocsikkal történő összecsapások egyre sürgetőbbé tették egy erősebb fegyverzettel és vastagabb páncélzattal rendelkező harcjármű rendszeresítését. Ez vezetett előbb – 1942-ben – a Tiger I, végül – 1944-ben – a Tiger II megjelenéséhez. Az új harckocsik azonban sohasem álltak rendelkezésre kellő mennyiségben. Önálló nehézpáncélos-osztályokban rendszeresítették őket, amelyeket szükség esetén az egyes hadosztályok támogatására alkalmaztak. A Pz.Kpfw. V Panthert szánták a páncéloscsapatok új igáslovának, de a harckocsi gyártási mennyisége sohasem érte el a kívánt szintet, így 1943-as megjelenésétől kezdve a háború végéig vállvetve harcolt a Pz.Kpfw. IV okkal.

LÖVÉSZ ÉS PÁNCÉLGRÁNÁTOS ALAKULATOK

A gyalogság támogatása nélkül a páncéloscsapatok önmagukban nem lehettek sikeresek. Támadás esetén a gyalogság biztosította a szárnyakat, beépített vagy áttekinthetetlen területen együttműködött a harckocsikkal, felvette a harcot az ellenséges páncéltörő eszközökkel és biztosította a sikeresen elfoglalt területeket.

A háború elején minden egyes páncéloshadosztály rendelkezett egy saját gépkocsizó lövészalakulattal, egy lövészdandárral (Schützen-Brigade), amely „kéz a kézben" harcolt a hadosztály páncélosdandárjával. Ennek állományába egy lövészezred (Schützen-Regiment) és egy motorkerékpáros lövészzászlóalj (Kradschützen-Battalion) tartozott. Mivel a páncélosokkal vívott összecsapások során kulcsfontosságúnak bizonyult a mozgékonyság, hamar kiderült, hogy sem a tehergépkocsikon szállított gyalogság, sem a motorkerékpáros lövészek nem rendelkeznek olyan terepjáró képességekkel, mint a lánctalpakon haladó harckocsik. Ennek köszönhetően kezdődött meg a féllánctalpas lövészpáncélosok fejlesztése, amelyek kompromiszszumot képeztek a megfelelő terepjáróképesség és a szilárd burkolatú utakon való haladás között, illetve páncélvédelmet biztosítottak a rájuk ültetett gyalogság számára. A fejlesztések eredménye az Sd.Kfz. 250 könnyű és az Sd.Kfz. 251 közepes lövészpáncélos lett. A lövészalakulatokat 1942-től páncélgránátos alakulatoknak nevezték.

Néhány kísérleti példánytól eltekintve a háború kezdetekor még nem állt a csapatok rendelkezésére páncélozott féllánctalpas harcjármű, és Franciaország 1940-es elfoglalásakor is csak kis mennyiségben rendszeresítették. Nagyobb példányszámban csak 1941 júniusára, a Szovjetunió elleni támadás kezdetére jelentek meg, de a legtöbb alegység csak 1942-től érte el a teljes feltöltöttséget. Akárcsak a harckocsik esetében, a lövészpáncélosok gyártási mennyisége sem érte el az előírt szintet, így a legtöbb hadosztály csak egyetlen páncélgránátos-zászlóalját tudta Sd.Kfz. 251 lövészpáncélosokkal ellátni, így a többi alegység kénytelen volt továbbra is tehergépkocsikat használni.

FELDERÍTŐ ALAKULATOK

Hamarosan egyértelművé vált, hogy a harckocsizó és lövészcsapatokhoz hasonlóan a felderítő (Aufklärungs) alakulatoknak is megfelelő mozgékonyságra és páncélvédelemre van szükségük. A páncélgépkocsik fejlesztése a német ipar egyik legfontosabb területe volt: olyan négy-, hat és nyolckerekű típusokat építettek (4-rad, 6-rad, 8-rad), amelyek nagy általánosságban kielégítették a mozgékonyság – tűzerő – páncélvédelem „szentháromságának" követelményét.

Noha az első, 1934-től gyártott hatkerekű széria, az Sd.Kfz. 231/232/263 nem igazán volt sikeres, a négykerekű könnyű felderítő páncélgépkocsik (Sd. Kfz. 221/222/223/260/263) és a nyolckerekű nehéz felderítő páncélgépkocsik

(Sd.Kfz. 231/232/233/263) már jóval alkalmasabbnak bizonyultak a feladatokra és a háború legvégéig szolgálatban maradtak. A jobb terepjáró képesség iránti igény vezetett a nyolckerekű Sd.Kfz. 234 sorozat kifejlesztéséhez, amelynek első példányait 1943-ban adták át a csapatoknak, s amely végül rendkívül hatékony járműnek bizonyult.

PÁNCÉLELHÁRÍTÓ (MAJD PÁNCÉLVADÁSZ-), TÜZÉR- ÉS LÉGVÉDELMI TÜZÉR ALAKULATOK

A páncéloscsapatoktól, a páncélgránátosoktól és a felderítőktől eltérően – amelyek már feljesztésük korai szakaszában élvezhették a páncélozott mozgékonyság előnyeit - a páncéloshadosztályok támogató alakulatai csak lassan jutottak hozzá fegyvereik páncélozott és/vagy önjáró hordozó járműveihez.

A szervezeti előírások alapján a páncéloshadosztályok már a kezdetektől fogva rendelkeztek egy páncélelhárító zászlóaljjal. A háború első éveiben vérehajtott támadó hadműveletek során azonban gyorsan egyértelművé vált, hogy a tehergépkocsival vontatott tüzérség képtelen lépést tartani a gyorscsapatokkal (Schnelle Truppen), s ennek köszönhetően megkezdődött az önjáró páncéltörő ágyúk fejlesztése. Ezeket a harcjárműveket többnyire addigra már elavult harckocsik alvázán alakították ki, a könnyűpáncélzattal rendelekző, felülről nyitott küzdőtérben elhelyezett– eredetileg vontatott – páncéltörő ágyú beépítésével. Ezek a harcjárművek a páncélvadász (Panzerjäger) megnevezést kapták, és a háború legvégéig hatásos eszköznek bizonyultak, kezdve a Panzerjäger I-től a Marder sorozaton át a Nashornig bezárólag. A korlátozott páncélvédelem természetesen állandó problémát jelentett, ezért a további fejlesztések olyan, teljesen zárt küzdőterű járművek megszületését eredményezték, mint a Ferdinand/Elefant, a Jagdpanzer IV és a Jagdpanther, amelyek többsége nagyjából pont akkor került rendszeresítésre, amikor a Wehrmacht már hadászati védelembe kényszerült.

A leginkább elhanyagolt fegyvernem az önjáró és/vagy páncélozott fegyverhordozó alvázak terén a tüzérség (Artillerie) volt. A lengyelországi hadjárat világított rá, hogy a nehéz gyalogsági lövegeket rövid hatótávolságuk miatt, és mert közvetlenül az arcvonalban kellett tevékenykedniük, önjáróvá kell alakítani. Mindezzel együtt a tüzérség zöme a háború végéig kénytelen volt vontatott eszközöket alkalmazni.

Az első nehéz önjáró gyalogsági löveget a páncélvadászokhoz hasonlóan az elavult Pz.Kpfw. I könnyűharckocsi alvázán alakították ki. A 15 cm s.I.G. 33 auf Pz.Kpfw. I A fegyverzetét ekkor még egy könnyen páncélozott, felülről nyitott küzdőtérben helyezték el. Az önjáró gyalogsági lövegek sorát a teljesen zárt, páncélozott felépítményű harcjárművek zárták, mint például a Sturmpanzer IV.

A páncéloshadosztályoknak – eltekintve néhány, a franciáktól és az angoloktól zsákmányolt harckocsi alvázára épített lövegtől – egészen 1943-ig kellett várniuk, hogy olyan önjáró páncélozott harcjárműhöz jussanak, amely a német tüzérségnél rendszeresített 10,5 cm-es le.F.H.18 könnyű tábori tarackkal, illetve a 15 cm-es s.F.H. 18 nehéz tábori tarackkal volt felfegyverezve. Noha ekkor mindkét változat (le.F.H. 18 Wespe és s.F.H. 18 Hummel) rendszeresítése megkezdődött, a gyártás mennyisége sohasem érte el a kívánt szintet. Emiatt a legtöbb páncélos tüzérezred csak egyetlen önjáró tüzérosztállyal rendelkezett, amelynek állományába általában egy üteg Hummel és két üteg Wespe tartozott. A tüzérezred többi osztálya továbbra is a hagyományos vontatott tüzérségi eszközökkel harcolt.

A rohamlöveg alakulatok (Sturmgeschütz-Abteilung) szintén a tüzérség részét képezték, és mivel a hadseregek közvetlen alárendeltségébe tartoztak és elsődleges feladatuk a gyalogság közvetlen támogatása volt, nem igazán sorolhatjuk őket a páncéloscsapatokhoz. A rohamlövegeket – néhány különleges esettől eltekintve – csak a háború második felében kezdték el a páncéloshadosztályok állományában alkalmazni, hogy pótolják velük a hiányzó harckocsikat.

A légvédelmi tüzéralakulatokat Lengyelország 1939-es lerohanásakor féllánctalpas önjáró légvédelmi gépágyúkkal szerelték fel. Mind a szárazföldi haderő (Heer), mind a légierő (Luftwaffe) rendelkezett légvédelmi tüzérosztályokkal (Flak-Abteilung; Flak: Flugabwehrkanone – légvédelmi ágyú), amelyek alegységeit a szárazföldi haderőben légvédelmi tüzérszázadnak (Flak-Kompanie), a légierőnél légvédelmi tüzérütegnek (Flak-Batterie) nevezték. A féllánctalpas járművek a rájuk épített tűzeszköz lövegpajzsán kívül 1943-ig nem rendelkeztek saját páncélvédelemmel. Ekkor álltak hadrendbe az első olyan járművek, amelyeknek a vezetőfülkéjét páncélozták, ezek azonban a harc megvívása közben továbbra sem biztosították a fegyverkezelők védelmét. A légvédelmi alegységek csak 1944-ben jutottak hozzá – igen korlátozott mennyiségben – az első lánctalpas, teljesen páncélozott légvédelmi páncélosokhoz (Flakpanzer) amelyek minden körülmények közepette együtt tudtak tevékenykedni a páncéloscsapatokkal és megfelelő védelmet biztosítottak a kezelőszemélyzet számára.

A páncélos fegyvernem minden kétséget kizáróan rendkívül hatásos szervezetté nőtte ki magát a háború során, és hatalmas sikereket ért el annak kezdetén. Az összecsapások tapasztalatai alapján kidolgozott harceljárások megkövetelték a megfelelő harcjárművek kifejlesztését, és e tekintetben sikeresnek tekinthetjük a német tervezőmérnökök munkáját – noha a legtöbb esetben ezeknek a fejlesztéseknek az eredményei túl későn és túl kis mennyiségben jutottak el a harcoló csapatokhoz. Amennyiben ezek a harcjárművek korábban és/vagy nagyobb mennyiségben bukkannak fel a harcmezőn, a páncéloscsapatok számos ütközete teljesen más eredménnyel végződött volna.

Jon Feenstra

INTRODUCTION

In the strictest sense of the term, "Panzerwaffe" means tank or armour weapon. For the Wehrmacht (German armed forces), the Panzerwaffe was that part of the Heer (army) that consisted of the armoured formations.

Led by the astuteness and foresight of Heinz Guderian, Germany realized early on that armoured forces would be an important part of any future conflict. While there were many within the Wehrmacht that disagreed with Guderian and felt that artillery and anti-tank weapons would be able to effectively counter any type of armoured assault, he still pushed on with developing tactics and units to demonstrate the effectiveness of this type of warfare. Unfortunately, until Germany renounced the Treaty of Versailles when Adolf Hitler and his Nazi party came to power in 1933, the production of tanks was not allowed and Guderian was forced to use dummy tanks in exercises and demonstrations, which did not help in convincing the detractors in the Reichswehr (forerunner to the Wehrmacht). In 1931, the fledging Panzerwaffe got a boost when Oswald Lutz was promoted to Inspekteur der Verkehrstruppen 6 (In.6, Inspector of Motorized Troops). Lutz saw the merit in Guderian's ideas and by 1933 was pushing for the establishment of tank units that would operate independently from other forces to counter the static warfare ideas of Allied nations. Thus began Germany's quest for armour supremacy and the foundations for the first armoured formation of the Panzerwaffe were laid in 1934, hence to become the 1.Panzer-Division.

While it was not allowed to develop and produce tanks under the Treaty of Versailles, this did not stop Germany from working both clandestinely as well as in other countries to experiment with developing armoured vehicles. The Treaty did not ban German companies like Krupp from producing weapons outside of Germany and more importantly, a secret agreement with the Soviet Union allowed the use of a test and training facility deep inside Russia. This was of vital importance as it allowed the detailed testing of all new tank developments, as well as allowing the emerging Panzerwaffe to train its new officers and NCOs.

Development of new tanks began in the late 1920s and early 1930s. It was recognized that tanks were needed for infantry support, which was essentially how the Allied nations viewed them, but more importantly, Germany realized that emphasis should be placed on combating enemy tanks. So while light tanks mounting machine guns and 2 cm guns were developed along with heavier vehicles mounting 7.5 cm cannons for infantry support, a concerted effort was put into developing a vehicle mounting a 3.7 cm anti-tank gun with armour that could resist comparable calibers of weapons. Unfortunately, German industry could never keep up with demand, and when the first three panzer divisions were established in 1935 the majority of tanks were the light Panzerkampfwagen I, which were suitable for training but not much else.

Germany recognized that its new panzer divisions needed to be combined arms formations that could be self-sufficient on the battlefield. As such, they combined panzer brigades with infantry forces and appropriate supporting arms – artillery, reconnaissance, anti-tank, anti-aircraft, signals and pioneers. It was soon realized that all components needed to be mobile to keep pace with the attacking formations, and development of vehicles continued throughout the course of the war to meet this need in all arms of the Panzerwaffe.

PANZERTRUPPEN

The core of the Panzerwaffe was of course the tank forces, or Panzertruppen. The basic unit was the Panzer-Abteilung (battalion), which typically consisted of a headquarters and three Panzer-Kompanies. At the start of World War II, Operation Fall Weiss, the invasion of Poland on September 1, 1939, there were a total of 34 Panzer-Abteilung assigned to the attack. The majority of these were assigned to Panzer-Regiments (2 Abteilung each) and the regiments assigned to Panzer-Brigades (2 regiments each), although some of the divisions only received a single regiment or abteilung. All told, five Panzer-Divisions, four leichte-Divisions and some independent Heeres Truppen (army troops) took part.

The plan was to have each abteilung consist of two leichte (light) companies with five Pz.Kpfw.II and seventeen Pz.Kpfw.III each, and one mittlere (medium) company with five Pz.Kpfw.II and fourteen Pz.Kpfw.IV. Unfortunately, manufacturing and production capabilities could not keep pace with the rapid expansion and development of the Panzertruppen and the majority of the abteilungs were primarily equipped with Pz.Kpfw.I and II. Of the 2,461 German produced panzers available for the invasion, a paltry 87 were Pz.Kpfw.III and 197 were Pz.Kpfw.IV. Thankfully, the annexation of Czechoslovakia in 1938 allowed the Heer to supplement this force with 221 Czech produced Pz.Kpfw.35(t) and 38(t), which were somewhat equivalent, at least in anti-tank capability, to the Pz.Kpfw.III.

Despite this lack of proper equipment, the attack was executed in a textbook fashion, proving the theories that Guderian had been pushing for so long. This first campaign also allowed problems in tactics to be identified, which would allow changes to be made as the Panzertruppen's concept of warfare continued to evolve. Unfortunately, as the war increased in size and the need for more units was necessary, the panzer division's strength was slowly eroded so that more divisions could be assembled. For the most part, Panzer-Brigades ceased to exist by 1941's Operation Barbarossa, with most divisions having only one regiment instead of two, which essentially cut the number of panzers in half from about 250 to 125.

What the units lacked in quantity, they made up for in quality and training. By the end of 1942, the majority of the front-line units were equipped with the Pz.Kpfw. III and IV, with only a smattering of the Pz.Kpfw.I and II relegated to secondary tasks such as reconnaissance, command and supply. The Panzer III and IV were continually upgraded with better armour protection and firepower, to keep pace with constant developments on the battlefield. While the Pz.Kpfw.III eventually reached the limit of its platform, the Pz.Kpfw.IV was the only tank to be produced for the entire war, still able to hold its own in 1945 just as it did in 1939. It has often been called the workhorse of the Panzertruppen, which is an apt name for it.

Development did not stop with the Panzer IV of course. While heavier tanks were in the works, encounters with the Russian T-34 and KV-1 pushed the need for stronger weapons and heavier armour. This initially led to the Pz.Kpfw.VI Tiger I in 1942 and ultimately the Tiger II in 1944. However, these were always going to be limited in number and allocated to special heavy tank battalions that could support the divisions as necessary. The Pz.Kpfw.V Panther was developed to be the new workhorse of the Panzertruppen, but production could never meet demand and it thus served side-by-side with the Pz.Kpfw.IV from 1943 until war's end.

SCHÜTZEN AND PANZER-GRENADIERE

The Panzertruppen could not be successful without the support of the infantry. The infantry provided flank protection, worked closely with the panzers in built-up and congested terrain, combated enemy anti-tank assets, and secured objectives.

At the start of the war, every Panzer-Division had a Schützen-Brigade (motorized infantry) to work hand-in-hand with the Panzer-Brigade. It consisted of a Schützen-Regiment and a Kradschützen-Battalion (motorcycle). Mobility was the key in order to keep up with the panzers, and it was realized very quickly that truck-borne infantry and motorcycles did not have the cross-country capabilities that the tracked tanks did. As such, development of half-tracked vehicles that offered a compromise between cross-country mobility and road-bound speed began, as well as providing armoured protection for the mounted soldiers. This led to the Sd.Kfz.250 and 251 series of vehicles, and the change in name in 1942 from Schützen to Panzer-Grenadiere (armoured infantry).

Other then a few trials vehicles, armoured halftracks were not available at the start of the war and only a small number were used during the invasion of France in 1940. A larger number were available in June 1941 for the Russian invasion, but it was not until 1942 that many units finally started to receive their full allotments. Unfortunately, as for the Panzertruppen, production could never meet demand, and most of the divisions were only ever able to field one battalion of Sd.Kfz.251 mounted grenadiers, with the remainder still using trucks.

AUFKLÄRUNG

Like the tank and infantry units, it was realized early on that the Aufklärung (reconnaissance) units would need similar mobility and protection to provide the proper support. Development of armoured cars was one of the highlights of German industry, which produced a series of 4-rad, 6-rad and 8-rad (rad=wheel) vehicles that generally featured the proper balance of mobility, firepower and protection.

While the initial Sd.Kfz.231/232/263 (6-Rad) heavy series first produced in 1934 were not as successful, the leichte (light) 4-rad series Sd.Kfz.221/222/223/260/263 and the schwere (heavy) 8-rad series Sd.Kfz.231/232/233/263 were much more so and used throughout the war. The desire for better cross-country mobility led to the subsequent development of the Sd.Kfz.234 series of eight-wheeled armoured cars, first issued to the units in 1943 and proving to be highly successful.

PANZER-ABWEHR (PANZER-JÄGER), ARTILLERIE, AND FLAK

Unlike the Panzertruppen, Panzer-Grenadiere and Aufklärung that enjoyed armoured mobility relatively early on in their development, the support units of the Panzer-Divisions were slow in being provided with armoured and/or self-propelled carriages for their weapons.

A battalion of Panzer-Abwehr (panzer-defense, i.e. anti-tank) troops were part of the initial organizational structure of the panzer division. Towed guns using trucks as their prime movers were soon found to be lacking during the early years of offensive operations as they could not keep pace with the Schnellen Truppen (mobile troops). This led to the development of self-propelled anti-tank guns, typically using obsolete tank chassis as the basis to which a lightly armoured open superstructure was added around a towed gun, less its carriage. These were given the term Panzerjäger and found good success throughout the war, starting with the Panzerjager I and continuing with the Marder series and Nashorn. Of course, the limited armoured protection was always a problem so further developments would lead to fully enclosed vehicles such as the Ferdinand/Elefant, Jagdpanzer IV and Jagdpanther, which came at a fortuitous time as the war turned into a defensive fight for the Wehrmacht.

The Artillerie (artillery) arm suffered the most when it came to the provision of self-propelled and/or armoured mounts for their weapons. It was realized after the Polish campaign that the heavy infantry guns needed to be self-propelled due to their short range and the necessity of working in close proximity to the infantry units, but the artillery itself used towed weapons for a substantial portion of the conflict.

Self-propelled heavy infantry gun mounts were developed in a similar fashion to the Panzerjäger, at first using obsolete tank chassis with lightly armoured, open-topped superstructures, i.e. the 15cm sIG33 auf Pz.Kpfw.I, and then progressing to fully armoured and enclosed vehicles such as the Sturmpanzer IV.

Other then some limited development of tracked artillery mounts that utilized captured French and British tank chassis, the artillery units of the panzer divisions did not begin to receive self-propelled armoured mounts that carried their standard weapons, the 10.5cm le.F.H.18 and 15cm s.F.H.18, until 1943. But like so many other vehicles, production could never satisfy demand and most Panzer-Artillerie-Regiments could only field one Abteilung of SPGs (usually one battery of s.F.H.18 Hummel and two batteries of le.F.H.18 Wespe) while the second retained its towed weapons.

The Sturmgeschütz units were also part of the artillery branch but these could not really be considered part of the Panzertruppen, as they were army level units that were meant to be assigned as support for infantry units on an as needed basis. Other then a few unique circumstances, it was only later in the war when Sturmgeschütz were taken into the inventory of the panzer divisions to make up for shortages of panzers.

The Flak (anti-aircraft) units were provided with half-track mounted weapons in time to take part in the 1939 invasion of Poland. Both the Heer and Luftwaffe raised Flak-Abteilungen (anti-aircraft battalions), and the subunits were termed Flak-Kompanies for army units and Flak-Batteries for the air force. Other then the gunshields themselves, no armour protection was provided for these halftrack mounted weapons until 1943 when armoured cabs were introduced, although these did little or nothing to protect the crew during combat. It wasn't until 1944 that the Flak units finally started to receive, albeit in limited quantities, full tracked, fully armoured Flakpanzers that could keep pace with the Panzertruppen and provide adequate protection for the crew.

There is no doubt that the Panzerwaffe developed effective formations and tactics that brought them great success, particularly early in the war. These ideas required the appropriate vehicles to execute them, and in that respect they also eventually succeeded, although in many cases it was too little, too late. Had the vehicles seen in the late war period been available earlier and/or in sufficient quantities, the outcome of many battles fought by the Panzerwaffe might have been very different.

Jon Feenstra

Péter Kocsis Collection

A páncélos fegyvernem első próbatételét Lengyelország lerohanása jelentette 1939-ben. A képen látható Pz.Kpfw. I Ausf. A homloklemezén és tornyának oldalain a csak a lengyel hadjárat során alkalmazott feltűnő fehér hasábkereszt látható. A kereszt mellé a 4. páncéloshadosztály jelzését, a háromágú csillagot festették fel. Noha kiképző járműnek készült, a „Fehér" hadművelet során több mint 1000 Pz.Kpfw. I került bevetésre. A háttérben egy szokatlan felépítményű (vagy valamilyen fura teherrel megpakolt) 6x6 kerékképletű Einheits-Diesel tehergépkocsi áll.

The first test for the Panzerwaffe came with the invasion of Poland in 1939. This Pz.Kpfw.I Ausf.A carries the prominent white Balkenkreuz, only used in the Polish campaign, on the front plate and turret side. Beside the cross is the white, 3-pointed star insignia of 4.Panzer-Division. Despite being designed as a training vehicle, the need for panzers led to over 1000 Pz.Kpfw.I being used in Fall Weiss. In the background is an Einheits-Diesel 6x6 truck with an unusual superstructure or load.

Péter Kocsis Collection

A Pz.Kpfw. I fontos szerepet játszott Franciaország 1940-es lerohanása során is, mint ahogy az a Clamecy-ben készült fényképen is látható. Ezt a sérült Ausf. A változatot a hátsó légbeömlőkre szerelt páncéllemezzel és füstgránátvetőkkel szerelték fel. A meghajtókerék eltávolítása után a páncélos lánctalpát „rövidre kötötték", hogy fel tudják vontatni az Sd.Anh. 115 típusú mélyrakodóra. A hasábkeresztet nem a megszokott helyre festették fel, a tornyon a két fehér sáv valószínűleg a 8/II. páncélososztály (10. páncéloshadosztály) törzsszázadának a jelölése. Az osztály századait vízszintes és függőleges sávokkal jelölték, az itt látható jelzés szöge pedig hasonlít a hadosztály jelzésére.

The Pz.Kpfw.I continued to play a prominent role in the 1940 invasion of France, such as the one seen here in Clamecy. This damaged Ausf.A has been upgraded with armoured covers over the rear intakes and a rack for smoke grenades. After removing the drive sprocket it has been "short-tracked" to load it on to the Sd.Anh.115 trailer. The Balkenkreuz is in a bit of an unusual spot and the white double bar may indicate the Stabskompanie (HQ) of Panzer. Regiment 8's II.Abteilung from 10.Panzer-Division. The Abteilungs were known to use vertical and horizontal bars to identify companies and the angle of the marking here looks similar to the divisional emblem.

Péter Kocsis Collection

A fehér „11"-es egy robbanóanyag-telepítő szerkezettel (Abwurfvorrichtungen) felszerelt Pz.Kpfw. I Ausf. B. A homlokpáncélzaton látható jelzés alapján a jármű az 1. páncélos-hadosztály alárendeltségébe tartozó páncélos-utászzászlóalj 3. századában szolgált. A sárga, fordított „Y" a harcászati jelzés mellett látható. Minden egyes század 11 Pz.Kpfw. I könnyűharckocsival rendelkezett, amelyek közül egy hagyományos „csatár" kivitelezésű volt, mint a képen a robbanóanyag-szállító mellett látható páncélos.

White "11" is a Pz.Kpfw.I Ausf.B equipped with an Abwurfvorrichtungen (explosive charge dropping device) on its rear deck. As noted by the tactical symbol on the front plate, the vehicles were issued to the 3.Kompanie of Panzer-Pionier-Bataillons, in this case attached to 1.Panzer-Division. The yellow inverted "Y" insignia is just visible beside the tactical sign. Eleven Pz.Kpfw.I were issued to each company, including one standard Ausf.B as seen next to the charge carrier.

A rádióval felszerelt parancsnoki járművek iránti igény vezetett a Pz.Kpfw. I Ausf. B alvázán kialakított parancsnoki páncélos (kleiner Panzerbefehlswagen) kifejlesztéséhez. A rádió hatótávolságának növelése érdekében a páncélosokra keretantennát szereltek (ezekből többféle változat készült), amint az a képen is látható. Az „R02" az ezredparancsnok helyettesének a járműve lehetett. A harcászati azonosítószámot fehérrel festették fel az adattáblára, ám a jobb láthatóság kedvéért a felépítmény oldalaira és hátuljára is felkerült.

The need for radio equipped command vehicles lead to the development of the kleiner Panzerbefehlswagen based on the Pz.Kpfw.I Ausf.B chassis. To increase radio range, many were field-fitted with frame antennas of varying styles, such as the example shown here. "R02" would be the regimental executive officer's vehicle. The tactical number is in solid white on the number plates, but to make it more visible it has been repeated in much larger white outline on the superstructure sides and rear.

Péter Kocsis Collection

Pz.Kpfw. II Ausf. B-k vagy C-k oszlopa vonul keresztül a franciaországi St. Aubin-en az 1940-es hadjárat során. A sorban egy valószínűleg Pz.Kpfw. I Ausf. B alvázra épített műszakimentő jármű (Instandsetzungskraftwagen I) is felfedezhető. A 4. páncéloshadosztály sárga jelzése, amelyet a Lengyelországban használt háromágú csillagról egy rúnával kiegészített körre cseréltek, a „221"-es harcászati azonosítószámú páncéloson a hasábkereszt mellett látható. A motortér szerelőajtajait a légiazonosítás végett szintén fehérre festették.

A column of Pz.Kpfw.II Ausf.B or C pass through St.Aubin, France during the 1940 campaign, with what is probably a Pz.Kpfw.I Ausf.B based Instandsetzungskraftwagen I (maintenance and repair vehicle) in between them. The yellow 4.Panzer-Division insignia, which changed from the 3-pointed star in Poland to the circle with rune symbol seen here, is visible beside the Balkenkreuz of white "221". The engine access doors have also been painted white for aerial recognition.

Péter Kocsis Collection

A jelzések hiánya ellenére ez a Pz.Kpfw. II Ausf. F valószínűleg a „Grossdeutschland" gyaloghadosztály/páncélgránátos-hadosztály állományába tartozott, és így a fénykép 1942-ben vagy 1943-ban készült Oroszországban. A homlokpáncél jobb oldalán látható kinézőnyílás a tartalék lánctagok mögött valójában csak egy utánzat volt, hogy elvonja az ellenség tüzét. A harckocsin rengeteg felszerelési tárgy van: üzemanyagkanna, sisakok, főzőedény, tartalék futógörgő, valamint a torony mellett egy tűzoltókészüléknek látszó tárgy.

Despite the absence of any markings, this Pz.Kpfw.II Ausf.F is purportedly from Infantrie-Division / Panzergrenadier-Division "Grossdeutschland" and thus would be in Russia in 1942 or 1943. The vision port on the right side of the glacis plate behind the spare track was a sheet metal dummy to distract enemy fire. It carries an odd lot of stowage including jerrycan, helmets, cooking pot, spare road wheel and what appears to be a fire extinguisher beside the turret.

Péter Kocsis Collection

Ezt a Pz.Kpfw. II Ausf. F-et valószínűleg utánpótlás szállítására használta a „Grossdeutschland" hadosztály. Azt nem lehet megállapítani, hogy a tornyot leszerelték, vagy egy találat robbantotta le. A páncéltest tetejére erősített keret megakadályozta volna a torony forgását, és az üzemanyagkannák mennyisége is azt támasztja alá, hogy ez csak egy szállítójármű. Az előtérben egy KV-1 harckocsi lánctalpa hever.

This Pz.Kpfw.II Ausf.F was most likely being used as a supply vehicle by Grossdeutschland, although it is difficult to determine if the turret was removed or has been blown free. The size of the stowage rail and the fact that it is attached to the upper hull roof plate means that it would obstruct any turret rotation, and the number of jerrycans would seem to confirm its use for supply purposes. Russian KV-1 series tracks are lying in front.

Péter Kocsis Collection

Két Pz.Kpfw. 38(t) a 12. páncéloshadosztály állományában. Az alakulat azonosítójának (egy körben elhejezett Y) egy része a bal oldali Ausf. E/F harckocsi előtt álló katona vállánál látható. A harckocsi harmadik futógörgőjén felfedezhetjük a hadosztály páncélosaira jellemző fellépőt is és a szintén jellegzetes fakeretet a motorháztetőn, amelyben négy üzemanyagkannát lehetett tárolni. A jobb oldalon a lépcsőzetes homlokpáncélzat alapján egy Ausf. C/D változat látható, a viszonylag ritka korai gyártású lánctalppal.

These two Pz.Kpfw.38(t) are from 12.Panzer-Division. Part of the yellow divisional insignia, a "Y" in a circle, is just visible on the straight driver's front plate behind the standing crewman of the Ausf.E/F on the left. It also has the round step that was added to the hub of the third road wheel, a unique feature of this division's vehicles, as well as the wooden bin on the engine deck for four jerrycans. On the right is an Ausf.C/D with the staggered front driver's plate and it has the rarely seen early 38(t) tracks.

Péter Kocsis Collection

Ezek a Pz.Kpfw. 38(t) Ausf. B-D változatok ugyanahhoz az alakulathoz tartoznak mint az előző oldalon lévők. Az egyedi stílusú B 91 és B 92, sárga vagy fehér toronyszámok nagyon hasonlítanak a 12. páncéloshadosztály által, még az 1940-es gyakorlatozások alatt alkalmazottakra. A középső jármű páncéltestének elején halványan kivehető a hadosztály azonosítója. További érdekesség még a motorházra erősített, üzemanyagkanna tárolására szolgáló fakeretek.

These Pz.Kpfw.38(t) Ausf.B-D are from the same unit as those in the previous photograph. The unique style of turret numbers, B 91 and B 92 in solid yellow (or possibly white), are very similar to those seen during 12.Pz-Div's training in 1940 and part of the divisional insignia is just visible on the hull side of the middle vehicle in front of the driver's vision port. As well, the style of wooden box on the engine deck is identical.

Péter Kocsis Collection

Egy Pz.Kpfw. III Ausf. E Lengyelországban. A frontpáncélzat alsó részére igencsak aprólékos munkával festették fel a Wehrmacht jelvényét. A „335"-ös harcászati azonosítószámot a páncéltest oldalán láthatjuk. A toronyra és a frontpáncélzatra festett feltűnő fehér hasábkeresztek magyarázatot nyújthatnak, miért is változtatták meg ezeket sárgára.

A Pz.Kpfw III Ausf.E in Poland with a very unique and well detailed marking of the Wehrmacht breast eagle, the Hoheitsabzeichen or "Sovereignty Badge", painted in white on the lower front hull plate. The vehicle number 335 is just visible on the hull side and the starkness of the white Balkenkreuz on the turret and glacis plate explain why they were painted over or filled in with yellow paint before too long.

Péter Kocsis Collection

A 10. páncéloshadosztály Pz.Kpfw. III harckocsijai a „Barbarossa" hadművelet idején. Az élen haladó Ausf. F változatot követő Ausf. G-t a farpáncélzat felső részén kialakított, a vödörtől félig takartan látható eltérő kialakítású fedőlemez alapján lehet beazonosítani – ez a lemez zárta le az indítókar nyílását. Jól látható a 7. páncélosezred jelzése, a sablonnal felfestett bölény a tárolódobozon, és kivehető a torony oldalsó ajtaja mögött is. Az ezred páncélosainak a tornyára általában csak a századot jelölő számot festették fel, a teljes harcászati azonosítószám csak a páncéltest oldalán és a hátulján fedezhető fel. Az alakulat Guderian 2. páncéloscsoportjának alárendeltségében harcolt, ezt erősíti meg a háttérben látható Kfz. 1 személygépkocsira festett „G" jelzés is.

Pz.Kpfw.IIIs from 10.Pz.Div. during Operation Barbarossa. An Ausf.G follows an Ausf.F, identifiable by their different starter crank port covers on the upper rear plate. The Panzer-Regiment 7 insignia of a reverse stenciled bison is clearly seen on the rear stowage bin and behind the open turret door, as is the company number "5" in white outline. Pz.Rgt.7 generally only marked the company number on the turret; the complete vehicle number "501" is seen on the hull side and rear. They are attached to Guderian's Panzer-Gruppe 2 as confirmed by the interesting variation of the "G" marking on the Kfz.1 car in the background.

Péter Kocsis Collection

A 6. páncélosezred III. osztályát (3. páncéloshadosztály) a „Barbarossa" hadmüvelet során víz alatti átkelésre alkalmas, ún. búvár-harckocsikkal (Tauchpanzer) látták el. A képen egy korai változatú kupolával felszerelt Pz.Kpfw. III (3,7cm) (T) Ausf. G látható. A homlokgéppuskát és a teljes lövegpajzsot vízhatlan ponyva védte, noha az utóbbit jelen esetben egyszerűen kivágták. A vezető kinézőnyílása körül még felfedezhetőek a szigetelőanyag nyomai. A döntött homlokpáncélzaton kivehető a III. (U) páncélososztály jelzése, egy stilizált cápa. A „III03" harcászati azonosítószám az alakulat parancsőrtiszjének páncélosát jelezte. A torony oldalának első részén látható szerkezet más Tauchpanzeren is megfigyelhető, de rendeltetése sajnos még nem egyértelmű.

The 3rd battalion of Pz.Rgt.6, part of 3.Pz.Div., was equipped with Tauchpanzers for submersible operations during Barbarossa, in this case a Pz.Kpfw.III (3.7cm) (T) Ausf.G, still equipped with the earlier style of commander's cupola. The waterproof bow MG cover is attached, as is the mantlet cover, which has simply been cut open to free the main gun. Remnants of the cover sealant are left around the driver's visor. Part of III.(U) Abteilung's shark insignia is visible on the glacis, and the tank is marked "III03" in black with white outline, which would be the signals officer's vehicle. It also carries the unusual turret bracket seen on other Tauchpanzers, of unknown use.

Péter Kocsis Collection

A páncélteknő megnövelt oldallemezéből kialakított vonónyílás alapján a képen látható, M1931 sátorlappal letakart harckocsi egy 5 cm-es Kw.K L/42 löveggel felszerelt Pz.Kpfw. III Ausf. J változat. A ponyvát a torony tetőlemezére fektetett tartalék lánctalptagokhoz rögzítették. A jármű harcászati azonosítószáma és a hasábkereszt csak részlegesen látható a tornyon, illetve a páncéltest oldalán. A parancsnoki kupola tisztasága igencsak elüt a páncéltesten lerakódott sártól és kosztól.

The extended hull plates that incorporated towing eyes at the front show that this is a Pz.Kpfw. III Ausf.J, with its 5cm Kw.K. L/42 gun covered with a M1931 Zeltbahn (tent quarter), secured to a piece of track on the turret roof. Portions of a vehicle number and Balkenkreuz are just visible on the turret and hull sides. The clean cupola is quite a contrast to the mud, dirt and dust buildup on the hull.

Végzetes találat egy 5 cm-es löveggel felfegyverzett Pz.Kpfw. III Ausf. J 50 mm-es homlokpáncélzatán. A lángok okozta kormozódás ellenére még kivehető a 9. páncéloshadosztály sárga jelzése a vezető kinézőnyílása mellett, ami alapján a harckocsi a 33. páncélosezred járműve volt. A háttérben egy szovjet T-26 harckocsi 1937 mintájú változata látható.

This Pz.Kpfw.III Ausf.J with 5cm L/42 gun suffered a catastrophic impact on the front plate that penetrated and cracked the 50mm thick armor. Despite the scorching, the 9.Panzer-Division insignia in yellow is still visible to the left of the driver's visor so this vehicle is from Panzer-Regiment 33. In the background is a T-26 Model 1937.

Ugyanaz a Pz.Kpfw. III egy másik szögből fényképezve. Tisztán látható a „431"-es harcászati azonosítószám a tornyon, a páncéltestre festett hasábkereszt azonban már csak nyomokban fedezhető fel. Egy kisebb űrméretű lövedék a frontpáncélzat alsó lemezének és a haslemez találkozásánál találta el a páncélost, megrepesztve a hegesztést. Az itt látható T-26 harckocsi 1937 mintájú változata nem ugyanaz, mint az előző képen látható szovjet harckocsi, amelynek épp észrevehető a lövegcsöve a háttérben.

Another view of the same Pz.Kpfw.III with its tactical number "431" in white clearly visible as well as a portion of the Balkenkreuz on the hull side. It also appears to have suffered a small caliber hit at the joint between the lower front plate and hull bottom plate, which has caused the plates to separate at the weld. The T-26 Model 1937 is a different one then seen in the previous photo, whose gun barrel is just visible in the background.

Péter Kocsis Collection

Valahol Németországban egy javítóműhely munkásai épp a helyére illesztik egy Pz.Kpfw. III Ausf. J harckocsi 5 cm-es Kw.K. L/42 löveggel felfegyverzett tornyát, amelyre fehérrel festették fel a „225"-ös harcászati azonosítószámot. A páncéltest már a késői változat, amelynek a sárvédőjére két tartalék futógörgőt rögzítettek – a második görgőnek csak az üres tartórúdja látható az Sd.Kfz. 10 féllánctalpas szélvédőjén keresztül. A falra írt felirat jelentése: Tilos a dohányzás!

At a workshop somewhere in Germany, maintenance personnel re-install a Pz.Kpfw.III Ausf.J turret with 5cm Kw.K. L/42 gun onto its hull. "225" is in white outline. The hull is of a later production as it carries the revised fender stowage with two spare road wheels - notice the empty bracket through the windshield of the Sd.Kfz.10 halftrack in the foreground. "Rauchen Verboten" is German for No Smoking.

Péter Kocsis Collection

A szerelők kinyitották a torony oldalsó ajtajait, hogy megkönnyítsék az egymás közötti kommunikációt, illetve a torony helyreillesztését. Leghátul egy másik, 5 cm-es L/42 löveggel felszerelt Pz.Kpfw. III Ausf. J látható "235"-ös harcászati azonosítószámmal, noha annak a példánynak már a tornyára és a páncéltestre is előtét páncélzatot erősítettek. A kép előterébe egy Pz.Kpfw. III Ausf. L 5 cm-es Kw.K L/60 lövegcsöve nyúlik be.

The crew has now opened the turret doors to allow better communication and visibility while the turret is placed. In the far background is another 5cm L/42 equipped Ausf.J with turret number 235, although it has Vorpanzer (spaced armor) on both the hull and turret (mantlet) fronts. In the foreground is the barrel of a 5cm Kw.K. L/60 on a Pz.Kpfw.III Ausf.L.

Miután a torony a helyére került, láthatjuk, hogy a páncélos a későbbi, egyetlen szerelőnyílással készült kései kivitelezésű motorháztetővel, illetve páncélozott ventilátor burkolattal van felszerelve. A hasábkereszt alsó szára rövidebb a kelleténél, valószínűleg úgy festették fel, hogy nem távolították el a – mostanra egyébként leszerelt – szerszámosdobozt. A harckocsi mellett álló, „311"-es harcászati azonosítószámú Pz.Kpfw. IV Ausf. F-en korai gyártású motorháztető van, amelynek szerelőnyílásain még nem volt szellőzőrács.

With the turret in place, we can see that this vehicle also has the later engine deck with single piece hatch covers and armoured ventilation hoods. The bottom leg of the Balkenkreuz is short and was probably painted with the toolbox that is normally mounted on the fender still in place. The Pz.Kpfw.IV Ausf.F number "311" beside it has an early engine deck without ventilation grilles/louvers in the hatches.

Péter Kocsis Collection

Ez a Pz.Kpfw. III Ausf. L kigyulladt, alkatrészeit újrahasznosítás céljából távolították el. A páncélos előtt heverő futógörgőről leégett a gumirozás. Figyeljük meg a lánctagok tartólemezeit a döntött frontpáncélzaton és a homlokpáncélzaton! A váltómű szerelőnyílásainak zárófedeleire hegesztett fogantyúk gyakori tábori kiegészítésnek számítottak. A torony oldalán még kivehető a 4-re végződő fekete azonosítószám. A fénykép Harkov környékén készült 1942 júniusában, így a páncélos a 3. vagy a 23. páncéloshadosztály állományába tartozhatott.

This Pz.Kpfw.III Ausf.L suffered a fire and appears to have been stripped of usable parts. A road wheel with its rubber burnt off is in the right foreground. Notice all the spare track brackets on the lower hull plate, between the brake ventilation cowls and on the front plate. Lifting handles have also been added to the transmission access hatches, a common modification. Just visible on the turret side is a black outline vehicle number ending in "4". The picture was taken near Kharkov in June 1942 so the vehicle could be from the 3rd or 23rd Panzer-Division.

Péter Kocsis Collection

Egy felettébb szokatlan, 7,5 cm-es Kw.K. L/24 löveggel felszerelt Pz.Kpfw. III Ausf. N az 503. nehézpáncélos-osztály kötelékéből. A legtöbb Ausf. N-t gyári nagyjavításra szállított harckocsiból alakították át – az itt látható jármű alváza és a páncéltest eredetileg egy Ausf. J vagy L változat volt, míg a torony egy Ausf. G vagy H Tauchpanzerről származik. Jól látható a lövegpajzsra erősített keret, amely eredetileg a vízhatlan ponyvát rögzítette. Az újjáépítés során ködgránátvetőket szereltek fel. A páncélos feltehetően RAL 7028 sötétsárga festéssel készült

This is a very unusual Pz.Kpfw.III Ausf.N with 7.5cm Kw.K. L/24 from schwere Panzer-Abteilung 503. Many Ausf.N were built using refurbished vehicles and while the hull seen here is from an Ausf.J or L, the turret is from an Ausf.G or H Tauchpanzer. The frame around the mantlet for attaching the waterproof cover is clearly visible and smoke grenade dischargers have been added to the turret sides during remanufacturing. The color seems to be RAL 7028 Dunkelgelb.

Péter Kocsis Collection

▲ Noha a hasábkereszt maradványain kívül semmiféle jelzés nem látható rajta, ez a megsemmisült Pz.Kpfw. IV Ausf. D valószínűleg a 16. páncéloshadosztály 2. páncélosezredének állományába tartozott – a felszerelések elrendezése legalábbis erre enged következtetni, beleértve a torony oldalára rögzített, ismeretlen rendeltetésű szögvasat és a földön heverő nem szabványos hátsó tárolódobozt, illetve az eredetileg a jobb első sárvédőre szerelt dobozt. A löveg hátrasiklott állapotban megszorult. A motortér jobb oldalára egy tartalék futógörgő tárolására szolgáló u-alakú elemet erősítettek. Az összes futógörgőn az Ausf. E változatokon használt csapágyfedél látható.

▲ Although no markings are visible other then the remnants of a Balkenkreuz, this destroyed Pz.Kpfw.IV Ausf.D with its gun in full recoil is purportedly from Pz.Rgt.2/16.Panzer-Division, and it does exhibit the commonly seen stowage pattern. This includes the non-standard rear turret stowage bin and front right fender stowage box, both of which are seen on the ground, as well as the odd angle-iron brackets mounted on the turret sides for an unknown purpose. It also carries a bracket for a spare road wheel on the side of the engine deck. All the road wheels have Ausf.E hubcaps.

Egy újabb Pz.Kpfw. IV Ausf. D, szintén látható jelzések nélkül. A mögötte álló Pz.Kpfw. II-n azonban jól látható a 15. páncéloshadosztály piros háromszögletű jelvénye a hasábkereszt mellett, illetve a 8. páncélosezred „farkasfog" jelvénye. Valószínűleg a „3"-as szám is piros. A Pz.IV-en számos érdekességet fedezhetünk fel: a sárvédőn egy Ausf. A-ról származó, kihajtható géppuskaállvány látható, és a tutógörgőkön vegyesen vannak Ausf. D-ről (harmadik, ötödik és hetedik görgő) és Ausf. E-ről származó csapágyfedelek. Figyeljük meg az első kannára festett fehér sávon a „w" betűt! A háttérben egy Sd.Kfz. 7 egy 15 cm-es s.F.H. 18 nehéz tábori tarackot vontat.

Another Pz.Kpfw.IV Ausf.D with no markings visible, but the Pz.Kpfw.II behind it clearly shows the red triangular marking of 15 Panzer Division beside the Balkenkreuz as well as the black 'wolfsangel" symbol of Pz.Rgt.8. The "3" is probably red as well. The Pz.IV has a couple of unique features. It carries a pivoting anti-aircraft machinegun mount on the fender taken from an Ausf.A and has a mix of Ausf.D (3rd, 5th, 7th) and Ausf.E road wheel hubcaps. Notice the small black "W" on the white band on the side of the first jerrycan. An Sd.Kfz.7 towing a 15cm s.F.H.18 is at the rear.

Péter Kocsis Collection

Ezen a két Pz.Kpfw. IV Ausf. E-n és az őket követő két Ausf. D-n teljes pompájukban megfigyelhetők a 15. páncéloshadosztály 8. páncélosezredének jelzései, beleértve az Afrika Hadtest pálmafáját is. Az elöl álló Ausf. D-n felfedezhető az Ausf. A-ról származó, kihajtható géppuskaállvány is. A jelzések színe sajnos megállapíthatatlan, vagy feketék, vagy pirosak, esetleg a kettő kombinációja. Vélhetően a nápolyi díszszemle miatt a 8. páncélosezred harckocsijainak futógörgőit, a rajtuk elhelyezett kannákat és néhány egyéb felszerelési tárgyat fehérre festették, akárcsak a torony ajtajainak belsejét. Figyeljük meg, hogy az egyes páncélosokon más és más tárgyak kaptak ilyen színt! Az út menti jelzőkövön szereplő olasz nyelvű felirat jelentése: egyiptomi határ.

These Pz.Kpfw.IV, two Ausf.E in front followed by two Ausf.D (with the second one carrying the Ausf.A fender mounted AA MG bracket), display the full suite of markings for Pz.Rgt.8/ 15.Pz.Div on their turret bins, including the Deutsches Afrikakorps palm tree symbol. It is difficult to determine if the markings are in black, red or a combination thereof. Supposedly done for a parade in Naples, Pz.Rgt.8 painted road wheels, jerrycans and other items white, as well as the turret door interiors. Notice how each vehicle's white painted features are slightly different. “Confine Egiziano” is Italian for Egyptian Border.

Péter Kocsis Collection

Pz.Kpfw. IV-esek újabb csoportja Észak-Afrikában, az élen egy Ausf. E-vel. Mindegyik járművön felfedezhetőek a 8. páncélosezred jellegzetességei: különböző, fehérre festett felszerelési tárgyak, üzemanyagkanna tartó a torony tetőlemezén, a toronyra rögzített tartalék futógörgő és a 15. páncéloshadosztály piros jelzése a fekete DAK pálma mellett. Az összes harckocsi homlokgéppuskáján védőhuzat látható, és az Ausf. E-n felfedezhetünk egy Ausf. A-ról származó kihajtható géppuskaállványt is – noha ez utóbbi eltér a korábban látott Ausf. D-re szerelt változattól. Figyeljük meg, hogy a negyedik járművön szintén van egy ilyen gépuskaállvány, amit a függőágy rögzítésére használtak!

Another group of Pz.Kpfw.IV in North Africa, with an Ausf.E in front. They all exhibit Pz.Rgt.8 features – various white painted details, jerrycan rack on the turret roof, turret mounted spare road wheels, and the red 15.Pz.Div. insignia beside the black DAK palm. All of the hull MG mounts are covered over and this Ausf.E. also carries an Ausf.A anti-aircraft MG mount on the left fender, although the upper mounting bracket is different from the Ausf.D seen earlier. Notice that the fourth vehicle in line also has an AA MG mount, being used to support a hammock!

Péter Kocsis Collection

Egy Pz.Kpfw. IV Ausf. F robog végig egy oroszországi úton. A kezelőszemélyzet fehér krétával tett halovány kísérletet a jármű RAL 7021 sötétszürke színének elrejtésére a télben. Az oldalsó légbeömlő takarólemezeit lezárták, hogy bent tartsanak némi meleget a motor hőjéből. Az Ausf. F változat számos meghatározó jellemzőjét felvonultatta a Pz.IV szériának – a homlokgéppuska gömbpajzsát, a torony oldalsó, két elemből álló ajtóit és a fékrendszer hűtőnyílásainak páncélozott burkolatait a frontpáncélzat szerelőnyílásain.

A Pz.Kpfw.IV Ausf.F speeds down a Russian road. The crew has made a lackluster attempt to camouflage the RAL 7021 Dunkelgrau basecoat with white chalk for the winter. The covers of the side air outlet have been closed to keep some of the engine heat in. The Ausf.F introduced many of the defining features of the Panzer IV – bow MG ball mount, two-piece turret side doors, and brake cooling intakes on the glacis access hatches.

Péter Kocsis Collection

Noha jelzéseket nem látunk, a következő fényképeken a „Grossdeutschland” páncélosezred Pz.Kpfw. IV Ausf. G harckocsijait vehetjük szemügyre 1943. márciusban, Harkov közelében. Az itt felsorakozott négy példány teljesen újnak tűnik, az első kettő a lövegcső alatt látható vízszintes antennavédő-keret és más jellegzetességek alapján 1943 elején készült a Nibelungen Werke-nél – ugyanakkor csak az első páncélost látták el a toronyra szerelt ködgránátvetőkkel. A harcászati azonosítószámokat fehérrel, sablon segítségével festették fel, amint az a legelöl álló „531”-esen látható. Érdekes látvány, hogy mind a homlokgéppuskán, mind a párhuzamosított géppuskán fent van a védőhuzat.

While no insignia is visible, the next group of photographs are of Pz.Kpfw.IV Ausf.G from Pz.Rgt. “Grossdeutschland” in early March 1943 near Kharkov. These four appear to be newly issued and the first two vehicles are from early 1943 Nibelungen production based on the horizontal aerial guard under the barrel and other features. Only the first one has turret mounted smoke candles however. The vehicle numbers are in white stenciled outline, the first being “531”. It is interesting to see both bow and coaxial MGs with covers.

Péter Kocsis Collection

Némi probléma adódott a „631”-sel, a hátsó vonószemekbe már beillesztették a vontató-kábeleket. A fehérre meszelt és a szürke rohamsisakok alapján ezeket a páncélosokat már sötétsárgára festették, így a gyártásuk 1943 februárjára tehető. A torony hátsó tárolódobozára festett sötét sávról sajnos nem tudjuk, hogy mi célt szolgált. A sárvédőn látható lemez a leszerelt hátsó sárvédőlemeznek tűnik.

“631” has found itself in a bit of a dilemma and tow cables are already attached at the rear for recovery. The whitewashed and dark grey helmets on the turret suggests that these Ausf.G were painted Dunkelgelb, which would indicate a February 1943 production date. It is not known what the dark colored stripe on the side of the turret bin indicates. The plate sitting on the fender appears to be the rear mud flap.

Péter Kocsis Collection

A sorozat első képén is felfedezhető sötétebb színű tárgyak a frontpáncélzat vízszintes részén valószínűleg kései mintájú jégkapaszkodók (Spät Schneegreifer). Ezeket a lánctagok külső szélén található réseken keresztül lehetett felcsavarozni, hogy jobb tapadást biztosítsanak a lánctalpnak. A Nibelungen Werke által gyártott páncélosok egyik különlegessége volt, hogy a lánctalpakat fordítva rakták fel rájuk, amint az itt is látható. Az elöl álló harckocsin a sablonnal felfújt fehér harcászati azonosítószámnak csak egy része látszik a ködgránátvető mögött.

Like the Pz.Kpfw.IV in the first photo, the darker colored objects on the glacis plates of these two "GD" vehicles appear to be Spat Schneegreifer (late version snow cleats). These could be bolted through the holes on the outer edge of the track links to assist traction. One of the unique features of Nibelungen produced vehicles was that the tracks were installed backwards as seen here. Parts of the white stenciled turret number is just visible behind the smoke candles, which only the first vehicle carries.

Péter Kocsis Collection

A „GD" Pz.Kpfw. IV Ausf. G páncélosairól készült képsorozat utolsó tagja. A „621"-en újfent felfedezhetjük a torony tárolódobozára festett sötét színű sávot. A meghajlott antenna azt sugallja, hogy a tornyot talán a rossz irányba fordították! Figyeljük meg a tartalék futógörgőt a sárvédőn és a feltűnő Wehrmacht-sast a sötétszürke 1935 mintájú rohamsisakon. A kupolában álló parancsnok von Hartingberg hadnagy.

A final picture of a "GD" Pz.Kpfw.IV Ausf.G. "621" also has the dark colored stripe on the turret bin, and is the same vehicle seen at the forefront of the previous photograph. The bent aerial suggests that the turret might have been rotated in the wrong direction! Notice the spare return roller on the fender and the prominent Wehrmacht eagle on the M1935 Feldgrau helmet. The commander in the cupola is identified as Leutnant von Hartingberg.

Péter Kocsis Collection

Ezen a később készült felvételen a torony tárolódobozára festett sáv és más jellegzetességek alapján a „Grossdeutschland" korábban látott „631"-enek a pótlására érkezett Pz.Kpfw, IV Ausf. G látható. A fehér harcászati azonosítószámot sablonnal fújták fel, a lövegcsőre pedig két, sötétebb színnel festett gyűrű került. A fordítva felhelyezett lánctalp ezúttal is a Nibelungen Werke-re utal.

Seen at a later time, this Pz.Kpfw.IV Ausf.G could be a replacement vehicle for "631" from "Grossdeutschland" seen in the previous photo, based on the dark stripe on the turret bin and similar vehicle features. The vehicle number is in solid white outline and it carries two dark colored bands on the gun barrel as well. The backwards facing tracks once again suggest a Nibelungenwerke produced vehicle.

ECPAD

Ennek a Pz.Kpfw. IV Ausf. G-nek a homlokpáncélján a 3. páncéloshadosztály által a kurszki hadművelet során használt ideiglenes jelzése látható. A tartalék lánctagokat tartó lemezre egy szerencsét hozó patkót erősítettek. A jármű felépítményének és páncéltestének elejére 30 mm-es kiegészítő páncélzatot hegesztettek, a parancsnoki kupolát egy tagból álló fedél védi, a toronyra ködgrántávetőket erősítettek – mindezek, illetve a Bosch fényszórók vezetékezése és más jellegzetességek alapján ez a páncélos 1943 márciusában készült a Krupp üzemében. A fehér keretes piros vagy fekete „22"-es harcászati azonosítószám épp csak kivehető. A sötétsárgára ráfestett álcázófestés RAL 6003 olívzöldnek tűnik.

The temporary insignia used by 3.Panzer-Division for the Kursk offensive is seen on the superstructure front of this Pz.Kpfw.IV Ausf.G, along with a lucky horseshoe on the spare track bracket. It has the additional 30mm armor welded to the superstructure and hull front, and along with the one piece commander's hatch, turret smoke candles, style of Bosch headlight cables and other features, it is probably from the March 1943 Krupp production. A "22" turret number is just visible, either black or red with white outline. Camouflage appears to be a light overspray of RAL 6003 Olivgrün over Dunkelgelb.

Péter Kocsis Collection

Egy sötétsárga Pz.Kpfw. IV Ausf. G teljes torony- és páncéltest kötényzettel. A toronyra szerelt ködgránátvetők és a kötényzet alapján ezt a páncélost 1943. április-májusban gyártották. A fehér keretes „24"-es harcászati azonosítószámot feketével festették fel, a farpáncélon észrevehető a hasábkereszt is. A háttérben álló Ausf. G-n olívzöld terepminta látható, harcászati azonosítószáma 1-sel kezdődik.

A Dunkelgelb Pz.Kpfw.IV Ausf.G carrying a full set of turret and hull Schürzen. The combination of turret smoke candles and Schürzen suggests an April-May 1943 produced vehicle. The vehicle number "24" is in black with a white outline and a Balkenkreuz is visible on the hull rear. The Ausf.G behind has an Olivgrün camouflage pattern and a turret number starting in "1".

Péter Kocsis Collection

A 23. páncéloshadosztály 23. páncélosezredének Pz.Kpfw. IV Ausf. H-ja igazán érdekes, hiszen zimmeritbevonat látható rajta, amit 1943 szeptemberétől kezdtek el alkalmazni, ugyanakkor a homlokpáncélzaton még 30 mm-es csavarozott kiegészítő páncélzat látható az 1943 júniusától használt 80 mm-es páncélzat helyett. Ennél is furcsább, hogy a páncélteknő frontlemeze már az egy elemből készült 80 mm-es páncéllemeznek tűnik. A jobb sárvédőn a levegőszűrő látható, a fatörzsnek támasztva pedig a korai gyártású köténylemezek.

This Pz.Kpfw.IV Ausf.H from Pz.Rgt.23/23.Pz.Div. is unusual as it has Zimmerit that was first introduced in September 1943, but still has the extra 30mm bolted armor on the front plate instead of the one-piece 80mm armour that entered production in June 1943. Even stranger, the lower front hull plate does appear to be the 80mm one piece armour. It also carries the Filzbalgfilter on the right fender and early style Schürzen. A curious mix of features!

Péter Kocsis Collection

Ezen a Litvániában, 1944 július végén lefényképezett Pz.Kpfw. V Panther Ausf. A-n a Daimler-Benz, illetve az M.N.H. gyárakra jellemző durva zimmerit bevonat látható. A vékony fekete keretes fehér „430"-as harcászati azonosítószám alapján a harckocsi valószínűleg a „Grossdeutschland" páncélosezred I. osztályához tartozott, amely ekkoriban ezen a területen tevékenykedett. Figyeljük meg a fém védőlemezt a lövegpajzs fölött!

Pictured in Lithuania at the end of July 1944, this Pz.Kpfw.V Panther Ausf A features a rough Zimmerit coating typical of Panthers manufactured by Daimler-Benz and M.N.H. The style of the turret number "430", in white with a thin black outline, suggests that this vehicle could be from I.Abteilung/Pz.Rgt.Grossdeutschland, which operated in this area at the time. Note the metal rain and debris guard above the mantlet.

Péter Kocsis Collection

Ezt a Panther Ausf. A-t is 1944. július végén fényképezték le Litvániában. Az emelőt még vízszintes helyzetben rögzítették, de a bal oldali kipufogó csöve mellett már látható a hűtőrendszer két légcsöve, ezek alapján a páncélos 1944. január végén, vagy február elején készült. A lövegpajzs feletti védőlemez tábori körülmények között készült, és így került a motortér hátsó része fölé a löveg tisztítórúdjainak konténere is. A „213”-nak tűnő harcászati azonosítószám alig kivehető. A kipufogókra egy létrát akasztottak.

This Panther Ausf.A is also seen in late July 1944, in Lithuania. It still has the jack mounted in the horizontal position, but has the two new cooling pipes mounted on either side of the left exhaust, so was built in late January or early February 1944. This unit has also added a metal rain and debris guard over the mantlet, and relocated the cylindrical bin for the cleaning rods to the rear deck. A turret number is just visible and appears to be “213”. A ladder for hanging on the Schürzen is stored on the exhaust pipes.

Péter Kocsis Collection

A Budapest körzetében, 1944 tavaszán lefotózott Panther Ausf. A zimmeritezésének mintázata és a tornyon látható közelharcnyílás alapján a Demag által 1943 őszén gyártott kevés harckocsi egyike. A személyzet egy vaslemezből kapaszkodót készített a torony hátsó ajtajára – ez gyakori szokás volt, hogy megkönnyítsék a nehéz fedél mozgatását. A torony oldalára és hátuljára felfestett fehér keretes, valószínűleg piros „235"-ös harcászati azonosítószám szokatlanul nagyméretű. Figyeljük meg a sérült tartalék lánctagot a páncélos oldalán!

The Zimmerit pattern on this Panther Ausf.A seen in the Budapest area in 1944, as well as the presence of turret pistol ports, suggests that it is one of the few vehicles manufactured by Demag in the fall of 1943. The crew has fabricated a grab handle from flat bar welded on the outside of the rear turret hatch, which was a common modification to assist in opening the heavy hatch. The number "235" is unusually large on both the turret side and rear, and is probably in red (with white outline). Notice the damaged teeth on the spare track.

Péter Kocsis Collection

A 6/I. páncélososztály 1944 tavaszától a Panzer Lehr hadosztály alárendeltségében tevékenykedett és így harcolt Normandiában is. Az osztály egyik Panther Ausf. A-ja egy másik Pantherrel és két Pz.Kpfw. IV-sel Cherbourg körzetében látható, egy gyűjtőtelepen. A nagyméretű, fehér keretes „233"-as harcászati azonosítószámot pirossal festették fel. A parancsnoki kupoláról hiányzik a légvédelmi géppuska gyűrűje, elképzelhető, hogy ez a jármű egyike az egyik legkorábban gyártott Ausf. A-knak. A torony hátsó ajtajára ezesetben is felerősítettek egy kapaszkodót, noha ezúttal gömbvasat használtak.

I. Abteilung of Panzer-Regiment 6 was attached to the Panzer-Lehr-Division since the spring of 1944 and fought under its subordination in Normandy. This Panther Ausf.A from that Abteilung is seen in a collection yard in the Cherbourg area along with another Panther and two Pz.Kpfw.IV. The large turret number "233" is in red with a white outline. The commander's cupola lacks the rail for the anti-aircraft MG mount, which indicates that this is one of the first Ausf.A to be manufactured. A handle has been welded to the rear turret hatch here as well, although in this case using round bar instead of flat stock.

Ez az 1943 tavaszán lefényképezett Pz.Kpfw. VI Tiger Ausf. E számos jellegzetessége alapján valószínűleg 1943 januárjában készült – a páncéltesten gránátvetők láthatóak, a toronyra ködgránátvetőt rögzítettek, megerősítették a lövegpajzsot, és jól láthatóak a vezető KFF.2 típusú figyelőműszerének nyílásai. A teknő frontpáncélján látható, tartalék lánctagokat tartó rúd, a szabványostól eltérő toronyláda és a „423" harcászati azonosítószám alapján a harckocsi az 1. SS-páncélosezred 4. századához tartozott, noha a toronyszám stílusa és színe (fehér szám vékony fekete kerettel) nem egyezik az alakulat más páncélosainak számával. Az „esernyő" egy gyári tartozék volt, amelyet a parancsnoki kupolán kiképzett tartókban lehetett rögzíteni.

This Pz.Kpfw.Tiger Ausf.E (its proper name) seen in the spring of 1943 has features that indicate it was probably built in January – hull mounted S-Mine dischargers, turret mounted smoke candle dischargers, reinforced gun mantlet and holes for the KFF.2 driver's periscope. The round spare track retaining bar on the front hull and non-standard turret bin, along with the "423" turret number, suggest that it might be from 4.Kompanie/SS-Panzer-Regiment 1, although the style and color of the number (white with a thin black outline) don't match other photos. The "umbrella" was actually a factory designed canvas rain shield for the commander with sleeves for the supports mounted on the cupola.

Péter Kocsis Collection

Az 505. nehézpáncélos-osztály harckocsijain tipikusan a lövegcsőre festették fel a harcászati azonosítószámot, amint az az alakulat törzsszázadához tartozó „II"-en látható (amely egy parancsnoki változat, hiszen a toronytól balra látható az antennacsonk, illetve, ha nehezen is, de a torony közepénél felfedezhető a csillagantenna is). Az alakulat rohamozó lovagot mintázó jelvénye, ha elmosódva is, de kivehető a vezető nyitott búvónyílása fölött. Szintén az alakulat páncélosaira jellemzők a frontpáncélra, a gömbpajzs két oldalára erősített rögzítő lemezek, amelyekben a „C" alakú vonószemeket tárolták. Az álcázófestés – amely majdnem pont olyan, mint a háttérben látható épületek festése – a tartalék lánctagokra is felkerült.

Schwere Panzer-Abteilung 505 typically painted its vehicle numbers on the mantlet tube, such as "II" seen here, one of the Befehlstigers allocated to the headquarters company. Barely visible is the star antenna above the turret and the additional aerial base to the right of the turret stowage bin. The elaborate charging knight unit symbol on the turret seems to be present above the open driver's hatch, although it's blurry. Another typical unit feature was brackets for C-hooks on the driver's front plate, here on either side of the MG ball mount. The camouflage extends to the spare tracks and almost seems to match the elaborately painted buildings in the background!

Péter Kocsis Collection

A KFF.2 figyelőműszer nyílásainak hiánya a vezető kinézőnyílása fölött és az erősítés nélküli lövegpajzs alapján ez a Tiger egyike lehet annak a 90 páncélosnak, amelyet a Krupp gyártott a VK 45 01(P) nehézpáncéloshoz készült tornyok felhasználásával. A kései kivitelezésű Feifel-légszűrők szintén arra utalnak, hogy a harckocsi 1943 márciusában, vagy azt követően gördült le a gyártósorról. Szokatlan a RAL 7028 sötétsárgára fújt RAL 6003 olívzöld és/vagy RAL 8017 vörösesbarna álcázófestés kuszasága, de mivel a hasábkereszten kívül más jelzés nem látható, nem igazán lehet kideríteni, hogy melyik alakulat harcjárműve van a képen.

The absence of the KFF.2 periscope holes above the driver's visor and the unreinforced mantlet suggests that this could be one of the 90 Tigers completed by Krupp with mantlets meant for the VK 45.01(P). Visible are the late style Feifel air filters, which also indicates a March 1943 or later build. The haphazardly applied camouflage of RAL 6003 Olivgrün and/or RAL 8017 Rotbraun over RAL 7028 Dunkelgelb is unusual but the absence of markings other then a Balkenkreuz on the hull side makes positive unit identification difficult.

Péter Kocsis Collection

E Tiger I személyzete sok energiát fektetett az álcázásba. A páncélos valószínűleg 1944. januárban készült, mivel a meghajtókeréken már a kései kivitelezésű csapágyfedél látható. Szintén kései típusú a lánctalp, az irányzóműszer a dupla optikás változat de a páncéloson már nincs Feifel-légszűrő, viszont zimmerit bevonattal látták el. Jelzéseket ezúttal sem találunk a hasábkereszten kívül, amelyet gondosan kikerültek a téli álcázószín felvitelekor.

The crew of this Tiger I have gone to great lengths to camouflage it. It is probably a January 1944 build since it carries the later sprocket hub, later track with chevrons, binocular gun sight and Zimmerit, but lacks Feifel air filters. Once again, no markings are visible that would give an indication of unit, but it has been given a solid coat of winter whitewash with the Dunkelgelb still visible around the Balkenkreuz.

Paul Johnson Collection

Ez a sérült, kései gyártású fém futógörgős Tiger I az 503. nehézpáncélos-osztály 2. századának parancsnoki osztagához tartozott, amint az a fehér keretes fekete „201"-es harcászati azonosítószámból kideríthető. Az utolsó előtti sárvédő felett haloványan még kivehető a hasábkereszt. Az alakulat 1944 nyarán Normandiában harcolt, a háttérben látható épület tipikusan erre a hadszíntérre utal. A torony tárolódoboza melletti tartókeret valószínűleg üzemanyagkannák tárolására szolgált.

This battered late model Tiger I with steel wheels is from the headquarters section of the 2.Kompanie of schwere Panzer-Abteilung 503, with a turret number "201" in black with a white outline. A faint Balkenkreuz is just visible above the last fender. 503 fought in Normandy in 1944, as the building in the background would suggest. The rack beside the turret bin was probably for carrying a jerrycan.

Péter Kocsis Collection

Az egyik legelső Pz.Kpfw. VI Tiger Ausf. B, amely széria toronnyal készült, és 1944. július végén vagy augusztus elején a 101. SS-nehézpáncélos-osztály 1. századának állományába került. A század augusztus végén került bevetésre Normandiában, és tizenhárom nap alatt üzemanyaghiány vagy ellenséges behatás miatt egy kivételével az összes Tiger B-jét elvesztette. A jármű sötétsárga alapszínére olívazöld és vörösesbarna álcázószínek kerültek, a hasábkereszt alá festett harcászati azonosítószám sárga.

This is one of the first Pz.Kpfw.Tiger Ausf.B to be completed with a production series turret (Serienturm) and was issued to 1.Kompanie/Schwere SS-Panzer-Abteilung 101 in late July or early August 1944. The company was employed in the Normandy region in late August and early September where it lost all but one of its 14 Tigers IIs in only 13 days due to enemy action or lack of fuel. Camouflage is Rotbraun and Olivgrün on Dunkelgelb. The turret number "133" is in solid yellow with a black/white Balkenkreuz above.

A megégett lövegpajzs és torony alapján ítélve a vezetőállása gyulladt ki ennek a Tiger II-nek. A lövegcsövet valószínűleg megmentették, hiszen jól látszik a menetes illesztés, nem kellett levágni. A tornyon látható 503-as szám jelentése nem ismert – elég hanyagul lett felfestve, és nem ismerünk olyan Tiger II századot, amely 500-as számokat használt volna. Elképzelhető, hogy a szám az 503. nehézpáncélos-osztályra utal, és a műszaki mentést végző alakulat, vagy a mögöttes területeken tevékenykedő csapatok számára szolgált jelzésként.

Judging by the scorched gun mantlet and turret front, this Tiger II suffered a fire in the driver's compartment. The gun barrel was presumably salvaged since the collar has been removed exposing the bright metal threads. The significance of "503" on the turret is unknown. The number is haphazardly applied and no Tiger II companies typically carried vehicle numbers in the 500s. It could possibly represent schwere Panzer-Abteilung 503, painted on so that the recovery team or rear area personnel could identify the vehicle's unit.

Péter Kocsis Collection

Az Sd.Kfz. 253 Beobachtungskraftwagen (megfigyelő jármű) egyike volt az Sd.Kfz. 10 vontató alvázára elsőként épített páncélozott féllánctalpasoknak. Az eredetileg az újonnan felállított rohamlövegosztályok számára kifejlesztett járművet számos páncéloshadosztály tüzérezrede is megkapta, akárcsak az itt látható példányt, amelyen a 14. páncéloshadosztály sárga jelzése alatt a vontatott tüzér üteg harcászati jelzését figyelhetjük meg. Szokatlan, hogy a hasábkeresztet vékony fekete vonallal keretezték.

The Sd.Kfz.253 Beobachtungskraftwagen (observation vehicle) was one of the first armoured halftracks to be built, using the Sd.Kfz.10 1-ton chassis. Originally developed for the new Sturmgeschütz batteries, many Artillerie-Regiments in Panzer-Divisions received them as well, such as the one seen here with the tactical sign for a towed howitzer battery below the yellow diamond X insignia for 14.Pz-Div. The Balkenkreuz is unusual with its thin black outlines.

NARA

Az Sd.Kfz. 250 könnyű lövészpáncélost (leichter Schützenpanzerwagen) az Sd.Kfz. 253 páncélfelépítménye alapján fejlesztették ki. A képen egy zsákmányolt Sd.Kfz. 250/1 Ausf. A látható Olaszországban az angol csapatok szállítójárműveként, amint amerikai katonák mellett halad el egy pontonhídon. A frontpáncélon az eredeti jelzéseket lefestették és egy 8-t festettek rá, akárcsak a motorháztetőre. Az eredeti német antennacsonk elé egy No. 19-es típusú rádiókészülékhez tartozó No. 8. számú antennacsonkot rögzítettek.

Based on the Sd.Kfz.253 armoured superstructure, the Sd.Kfz.250 leichter Schützenpanzerwagen (light armoured personnel carrier) was produced. In this picture, a captured Sd.Kfz.250/1 Ausf.A is being used in Italy as a supply carrier by the British, seen passing an American infantry squad on a pontoon bridge. The original markings on the front plate have been painted over and a number "8" added over top and on the engine access doors. A No.8 aerial base for a No.19 wireless set is mounted on a bracket in front of the original German aerial bracket.

Péter Kocsis Collection

Az Sd.Kfz. 250 nagytestvére a 3 tonnás Sd.Kfz. 11 alvázán kifejlesztett Sd.Kfz. 251 közepes lövészpáncélos volt (mittlere Schützenpanzerwagen). Az 1941-ben Oroszországban készült felvételen látható Sd.Kfz. 251/1 Ausf. B személyzete a mellettük csoportosuló szovjet hadifoglyokat bámulja. A látható jelzések között felfedezhetjük a „Guderian" páncéloscsoportot jelző „G" betűt, a rendszámtáblát, a hasábkeresztet és a bal sárvédőn egy gépkocsizó gyalogezred 6. századának a harcászati jelzését.

The Sd.Kfz.250's big brother was the mittlere (medium) Schützenpanzerwagen Sd.Kfz.251 based on the Sd.Kfz.11 3-ton chassis. Seen here in Russia in 1941 is an Sd.Kfz.251/1 Ausf.B passing a group of Russian prisoners while the crew looks on. Visible markings include a "G" for Panzergruppe Guderian, license plate, Balkenkreuz, and a tactical sign for the 6th company of a motorized infantry regiment on the left fender.

Péter Kocsis Collection

Az első géppuska védőpajzsának hiánya és a tartókeretre feszített takaróponyva azt sugallja, hogy ez egy Sd.Kfz. 251/8 páncélozott mentő. Az Ausf. C változat számos jellegzetessége látható a képen: a frontpáncélzat áttervezett alakja, a motortér oldalán korábban használt szellőző ajtók helyett alkalmazott páncélozott burkolat, illetve a sárvédőn hátrébb helyezett tárolódobozok. A terepszín valószínűleg RAL 7028 sötétsárgára festett RAL 8017 vörösesbarna.

The absence of the front MG shield as well as the tarpaulin roof with supporting frame suggests that this Ausf.C may be an Sd.Kfz.251/8 Krankenpanzerwagen (armoured ambulance). Many of the Ausf.C changes are visible here – the revised shape of the front plate, armoured covers at the sides of the engine compartment instead of ventilation hatches, and the fender mounted stowage bins moved further back. The camouflage appears to be RAL 7028 Dunkelgelb with RAL 8017 Rotbraun over spray.

ECPAD

Noha sebesültet szállít, ez egy általános feladatú Sd.Kfz. 251/1 Ausf C lövészpáncélos. A bal sárvédője némileg sérült és hiányzik az első tárolódoboza is. A téli álcázófestés maradványain kívül csak egy fekete-fehér hasábkereszt látható a járművön. Az épület falának támasztott tábla felirata szerint itt gyűjtötték össze a sebesülteket, akiket innen szállítottak hátra a segélyhelyekre.

Although a wounded soldier is being loaded into this Ausf.C, it is a standard Sd.Kfz.251/1 personnel carrier. It has suffered some damage to the left fender and is missing the front stowage bin. It seems to have the remnants of a winter whitewash on it and the only visible marking is a black/white Balkenkreuz on the side. The sign leaning against the building basically states that this is a collection point for wounded that are to be evacuated back to the rear, essentially a first-aid clearing station.

ECPAD

Az előbb látott Ausf. C belső teréről készült képen egyértelművé válik, hogy egy általános feladatú Sd.Kfz. 251/1-ről van szó, a hordágyak helyett a szokásos padokkal felszerelve. A jobb oldali hátsó ajtóra erősített tartókeretből hiányzik a tűzoltókészülék. Érdekes a páncéltest alakjából adódóan bonyolult zárszerkezet, amely az Ausf. D esetében már jóval egyszerűbb lett. Figyeljük meg a sebesült katona csizmájának talpán fénylő szegecseket és a padon ülő bajtársa bőrrel megerősített téli csizmáját!

This interior picture of the Ausf.C from the previous photo confirms that it is a standard Sd.Kfz.251 as it only has the regular bench seats instead of mounts for stretchers. The empty bracket on the right door is for a fire extinguisher. The hinges and closing mechanisms for the rear doors were quite intricate given the shape of the armoured body and the later Ausf.D greatly simplified this. Notice the bright metal hobnails on the sole and the leather reinforced felt winter boots worn by the seated soldier.

ECPAD

Az Sd.Kfz. 251 sorozat utolsó változata az Ausf. D volt, amelynek a gyártást leegyszerűsítendő már jóval kevésbé volt bonyolult a vonalvezetése. A képen a 7,5 cm-es Kanone 51 típuső löveggel és MG 42 géppuskával felfegyverzett Sd.Kfz. 251/9 kései változatát látjuk. Látványos a jármű álcázása, a sötétsárga alapra éles kontúrral festették fel a cikcakkos olívazöld mintázatot. A páncéltest oldalán kivehető a hasábkereszt és a kiolvashatatlan harcászati azonosítószám.

The final version of the Sd.Kfz.251 was the Ausf.D, which had a much less complex shape to the armoured body that simplified production. This particular vehicle is the later version of the Sd.Kfz.251/9, mounting a 7.5cm Kanone 51 and MG42. The camouflage pattern on this vehicle is quite striking, with hard-edged zigzags separating the Dunkelgelb and Olivgrün. On the side are a Balkenkreuz and illegible vehicle number.

A páncélos fegyvernem számos különböző páncélgépkocsit használt a felderítő alakulatok állományában, többek között az itt látható, a RAL 7021 sötétszürke alapszínre festett szokatlan téli álcát viselő Sd.Kfz. 221 (3. gyártási sorozat) típust is. A jármű egyetlen látható jelzése a „WH" betűpár a rendszámtáblán. A jobb sárvédőn látható zászlótartót a későbbi gyártású páncélgépkocsikon már nem alkalmazták.

The Panzerwaffe used a number of different armoured cars to equip its Aufklärung units, such as this Sd.Kfz.221 3.Serie with an unusual winter camouflage of white stripes over RAL 7021 Dunkelgrau. The only visible marking is the WH of the license plate with the rest of the numbers painted over. It carries a Fahnenstange (flag staff) on the right fender, which was discontinued with this series.

Péter Kocsis Collection

A 2 cm-es Kw.K 30 gépágyúval és egy MG 34 géppuskával felszerelt Sd.Kfz. 222 biztosította a tűzerőt a felderítő csapatoknak. A kép főszereplője egy Ausf. A változat (2. gyártási sorozat) Oroszországban. Mögötte egy rádióval felszerelt Sd.Kfz. 223 látható, amelynek a keretantennája lehajtott állapotban van és hiányzik a teljes jobb első sárvédője. Sokkal izgalmasabb azonban az őket követő három Sd.Kfz. 221, amelyek mindegyike 2,8 cm-es Pz.B. 41 (schwere Panzerbüchse 41) nehéz páncéltörő puskával van felfegyverezve. Ezt a változatot 1942. március 18-án rendszeresítették, hogy még komolyabb tűzerőt biztosítsanak a járműnek. A kép jobb oldalán haladó személygépkocsin a híradó alakulatok harcászati jelzése látható.

The Sd.Kfz.222 provided more firepower for the recon troops, mounting a 2cm Kw.K.30 as well as an MG34. This is an Ausf.A 2.Serie vehicle seen in Russia. Behind it is an Sd.Kfz.223, which was the radio car version. Its frame antenna is folded down and the entire right fender is missing. Of more interest are the three Sd.Kfz.221s further along in the column, all re-armed with the 2.8cm schwere Panzerbüchse 41 anti-tank gun. This modification was authorized on March 18, 1942 to give the vehicle heavier firepower. The car on the right carries a tactical sign for a signals unit.

A jobb sárvédőn látható sárga „K" betű alapján a von Kleist parancsnoksága alatt álló 1. páncéloscsoport Sd.Kfz. 221-e (3. gyártási sorozat) 1941 nyarán, a „Barbarossa" hadművelet alatt. A bal sárvédőre a páncélos-felderítőszázad harcászati jelzését festették fel, a fehér szegélyek a jobb éjszakai láthatóságot szolgálták. A személyzet egy Panzerbüchse 39 páncéltörő puskával egészítette ki a jármű eredetileg egy MG 34 géppuskából álló fegyverzetét, ám emiatt a torony jobb oldali rácsos tetőnyílását nem lehetett lezárni.

With the yellow "K" on the right fender presumably standing for von Klelst, the leader of Panzer-Gruppe 1, this Sd.Kfz.221 3.Serie is seen during Operation Barbarossa in the summer of 1941. The left fender has the tactical sign for an armoured reconnaissance company and the edges of the fenders are painted white to improve nighttime visibility. The crew has mounted a Panzerbüchse 39 anti tank rifle beside the MG34 so the left folding anti-grenade screen has to remain open.

A terepviszonyok és a kis négyzetbe festett „20" szám alapján ez az Sd.Kfz. 232 (Fu) nyolckerekű nehéz felderítő páncélgépkocsi valószínűleg ugyanahhoz az alakulathoz tartozott, mint az előző képen látott, „21"-es számot viselő Sd.Kfz. 221. Itt már egyértelműen látható a 11. páncéloshadosztály hivatalos jelzése, a függőleges vonallal felezett sárga kör, illetve az alakulat nem hivatalos „szellem" emblémája is – ez alapján a járművek a 231. páncélos-felderítőosztály állományában teljesítettek szolgálatot. A nehéz páncélgépkocsi az 1. gyártási szériában készült 1937-ben, és utólag, 1940 közepén látták el előtét páncélzattal (Zusatzpanzer). Igencsak szokatlan a „WH-28730" rendszámhoz használt betűtípus.

Given the similarity of the terrain and markings, particularly the number "20", this Sd.Kfz.232 schwere Panzerspähwagen (Fu) 8-wheeled armoured car probably belongs to the same unit as the Sd.Kfz.221 with the number "21" seen in the previous photo. It carries both the official 11.Pz.Div. insignia of a yellow circle divided by a vertical line, as well as the unofficial ghost emblem in white, so it is from Panzer-Aufklärungs-Abteilung 231. It is a 1.Serie vehicle built in 1937 that has been upgraded with the Zusatzpanzer (additional armour) on the front plate, which was introduced in mid-1940. The font used for the license plate "WH-28730" is quite unique.

Péter Kocsis Collection

A rögzített felépítményű Sd.Kfz. 263-t a nagyobb távolságú rádióösszeköttetés érdekében fejlesztették ki. Az Sd.Kfz. 232-től eltérően ezen a járművön nem csak egy keretantenna volt, hanem egy hosszú, teleszkópantenna is. A képen szereplő, 1939-ben az 1. gyártási sorozatban készült páncélos teljesen kiégett, a teleszkópantenna sérült csonkja a hőtől felpuffadt üzemanyagkannák mellett látható. Az előtétpáncélt utólag erősítették a jármű elejére. A szintén megsemmisült oldalkocsis motorkerékpár egy BMW R12 típus.

For longer range communications, the turretless Sd.Kfz.263 was developed, which carried not only the large frame antenna seen on the Sd.Kfz.232, but also a long telescoping mast aerial. This vehicle has been completely consumed by fire; the mast can be seen next to the swelled up jerrycan on the rear deck. It is a 1.Serie vehicle built in 1939 that has also been upgraded with the Zusatzpanzer on the front bow. The motorcycle and sidecar is a BMW R12.

Péter Kocsis Collection

A mindössze tíz példányban készült Sd.Kfz. 247 (6-rad) igazi ritkaság volt. Az 1938-as keltezésű szervezeti előírások alapján a páncélos-felderítőosztályok törzséhez egy ilyen páncélozott parancsnoki jármű tartozott. Mivel sem rádiókészülékkel, sem fegyverzettel nem rendelkezett, és terepjáró képessége, illetve páncélzata is elégtelen volt, nem igazán váltotta be a hozzá fűzött reményeket. Az egyszerű fehér hasábkereszt alapján az itt látható járművet a lengyelországi hadjárat során fényképezték le. Figyeljük meg az SF14 (Scherenfernrohr) típusú szögtávcsövet!

With only 10 built, the Sd.Kfz.247 (6-Rad) was a rarity. It was designed to be used as a commander's armoured staff car, with one being assigned to the headquarters group of the armoured reconnaissance battalions, according to the organizational structure issued in 1938. It lacked radios and weapons and with its light armour and limited cross-country mobility, it wasn't deemed very useful. The solid white Balkenkreuz indicates this vehicle is taking part in the invasion of Poland. Notice the Scherenfernrohr SF14 scissors telescope mounted in the back.

Péter Kocsis Collection

Franciaország bukása lehetővé tette, hogy a németek számos zsákmányolt járművet saját szolgálatukba állítsanak – beleértve legalább 200 igencsak korszerűnek számító AMD Panhard 178 páncélgépkocsit is, amelyet a Wehrmacht alaposan ki is használt. Az itt látható, Elzász-Lotaringiában lefényképezett példányt átalakították parancsnoki járművé – a tornyot és a tetőlemezt eltávolították, lehajtható ponyvát szereltek a helyére és szélvédőt erősítettek a felépítmény elejére. A RAL 7021 sötétszürke festés és az új jelzések nagyon frissnek tűnnek.

The fall of France meant that many captured vehicles could be taken into service, including at least 200 examples of the AMD Panhard 178, which was a very modern armoured car that was used extensively by the Wehrmacht. This particular vehicle in the Alsace-Lorraine region has been converted into a command car by removing the turret and roof plate, and adding a windshield and folding soft-top. It looks freshly painted in a coat of RAL 7021 Dunkelgrau and new markings.

Péter Kocsis Collection

A Panzerjäger I volt az első kísérlet arra, hogy önjáró páncéltörő ágyúkkal lássák el a páncélelhárító alakulatokat. Az új járművet érdeklődő tömeg veszi körül. Ez egy korai változat, amelynek a lövegpajzsa öt lemezből állt. A gyári újnak látszó jármű teljes egészében sötétszürke festést kapott, de érdemes megfigyelni a világosabb szürke vagy sárga tűzoltókészüléket a sárvédő hátsó részén, illetva azt, hogy hiányzik róla az összes szerszám és mindkét felhajtható első sárvédő.

The Panzerjäger I was the first attempt at producing a self-propelled anti-tank gun for the Panzer-Abwehr. The novelty of the new vehicle is seen here as a large crowd gathers around to view it. This is the early version with 5-sided gun shield. The vehicle is in overall Dunkelgrau, but notice the different color of the fire extinguisher on the rear fender, probably light grey or yellow. The vehicle appears to be new, but is missing all the pioneer tools and front fender extensions.

A bőséges mennyiségben rendelkezésre álló zsákmányolt francia harckocsi és a Pz.Jg. I –re épített cseh gyártású 4,7 cm-es Pak 36 (t) páncéltörő ágyú kiválósága szinte egyértelműen adta az ötletet, hogy az R-35 harckocsi alvázára is felrögzítsék a fegyvert, amely így az Sfl.35R megnevezést kapta. A teknő és az új felépítmény nehezebb páncélzata már sokkal nagyobb védelmet nyújtott a személyzetnek, mint az elődje, a plusz súly azonban sokkal lassabbá tette a járművet. Az Sfl.35R mind a keleti, mind a nyugati fronton részt vett a harcokban.

The abundance of captured French tanks and the effectiveness of the Czech 4.7cm Pak 36(t) as mounted on the Pz.Jg.I led to the development of the Sfl.35R using the R-35 chassis and the same gun. This offered much better all around protection then its predecessor with a better armoured hull and the use of heavier armour for the new superstructure. It did however sacrifice speed and was much slower. They saw combat on both the Eastern and Western fronts.

Nagyon jó profilkép a Marder sorozat tulajdonképpeni első változatáról, a Pz.Sfl.I für 7,62 cm Pak 36(r)-ről, amelyet a Pz.Kpfw. II Ausf. D alvázára építettek. Az eredeti RAL 7021 sötétszürke alapszínre felvitt csíkos álcázófestés valószínűleg sötétsárga. A lövegcsőre festett négy győzelmi karika mellett a felépítményen felfedezhetjük az önjáró páncéltörőágyú-század harcászati jelzését és egy „H" betűt, amely valószínűleg a jármű – az általában 14 kocsiból álló – századon belüli helyét jelölte. A mindig felbukkanó szerencsepatkó ezúttal előkelő helyet kapott a frontpáncélzaton.

This is a good profile view of what is essentially the first of the Marder series, a Pz.Sfl.I für 7.62cm Pak 36(r) built on a Pz.Kpfw.II Ausf.D2 chassis. It carries a striking camouflage pattern, possibly Dunkelgelb on the original RAL 7021 Dunkelgrau. Along with 4 kill rings on the barrel, it also has the tactical marking for a self-propelled anti-tank gun company on the superstructure as well as the letter "H", probably signifying the gun number within the company, which typically had 14 Pz.Sfl. The ever-present lucky horseshoe takes a prominent place in the center of the front plate.

A 6. páncéloshadosztály 41. páncélvadászosztályának Sd.Kfz. 131 Marder II-ét vontatják fel egy Sd.Ahn. 115 mélyrakodóra Harkov körzetében, 1943-ban. A jármű lánctalpának egy része már a mélyrakodón, egy része pedig a fűben hever. A 41. páncélvadászosztály 2. százada 10 ilyen járművet vett át 1943 elején, a fehér keretes „215"-ös harcászati azonosítószám pirosnak tűnik. A számozás általában előírás szerint történt: az első tag a századot, a második a szakaszt, a harmadik a járművet jelölte. Figyeljük meg az alakulatjelzést a homlokpáncél bal oldalán!

This Sd.Kfz.131 Marder II from Panzerjäger Abteilung 41/6.Panzer Division is being recovered onto a Sd.Anh.115 trailer in the Kharkov area, 1943. Pieces of its right track are on the trailer and lying in the grass in the foreground. The 2nd company of Pz.Jg.Abt.41 received 10 vehicles in early 1943, hence the "215" tactical number in what appears to be red with a white outline. Tactical numbers typically followed a standard format – the first number indicated the company, the second the platoon (zug) and the third the vehicle within the platoon. Note the unit emblem on the left side of the front plate.

Péter Kocsis Collection

Az 1943 elején fellépő páncéloshiány miatt a 4. páncéloshadosztály 35. páncélosezrede Marder II páncélvadászokat kapott, amelyekre szintén felfestették a fehér szegélyes piros, ágaskodó medvét formázó jelvényt. Figyeljük meg a szerszámok kontúrjait az álcázómintázatban – egyértelműen a helyükön voltak a festés során! Nehéz pontosan megállapítani, hogy a jármű színe sötétsárga és sötétszürke vagy olívzöld. A páncélosezred végül átadta a Mardereket a hadosztály 49. páncélvadászosztályának.

Due to a shortage of tanks in early 1943, Pz.Rgt.35/4.Pz-Div. received Marder II and marked them with their standing bear emblem, in red with a white outline. Notice the outline of the pioneer tools that were obviously in place when the camouflage pattern was sprayed on. It is difficult to determine if the colors are Dunkelgelb and Dunkelgrau, or Olivgrün. The Marders were eventually turned over to the division's Panzerjäger-Abteilung 49.

Az üzemanyaghiány miatt számos kiképző járművet – mint ezt az Sd.Kfz. 139 Marder III-at – gázüzeművé alakították át (Stadtgas: szó szerint városi gáz), amihez a cseppfolyósított kőolajgázt (általában probán-butánt) sűrített gázpalackban tárolták. A jármű hátulján két ilyen palackot láthatunk, amelyeket erre a célra tervezett keretekbe rögzítettek. A fekete súlytáblázat alatt látható fehér feliratot nem lehet kiolvasni. A háttérben harcjármű-vezetők kiképzésére használt Pz.Kpfw. I látható.

Shortages of fuel led to many training vehicles such as this Sd.Kfz.139 Marder III being powered by Stadtgas (literally city gas), which was liquefied petroleum gas (typically propanes and butanes) contained in compressed gas bottles. Two of these cylinders are mounted on the rear in a specially designed stowage rack. The white script below the black loading stencil is illegible. In the background is a Pz.Kpfw.I driver training tank.

A „Totenkopf" járműveire 1943 nyarán, a „Citadella" hadművelet idején három függőleges sávból álló ideiglenes azonosítójelzést festettek. A jelenlegi információink alapján a „Totenkopf" állományában nem voltak Sd.Kfz. 138 Marder III Ausf. H páncélvadászok, de a kép tanúbizonyásaga szerint legalább egyet mégis kaptak. A hadosztály Sd.Kfz. 131 Marder II-kel rendelkezett, ez a példány talán utánpótlásként érkezett hozzájuk? A lövegsínre fehérrel felfestett „Braun Ark" stencil a helyretolószerkezet működéséhez szükséges folyadékot jelöli.

3.SS-Panzer-Grenadier-Division "Totenkopf" used three vertical bars as a temporary divisional emblem during Operation Citadel in 1943. Currently available information does not indicate that Totenkopf received Sd.Kfz.138 Marder III Ausf.H, but it appears that they might have had at least one, based on this photograph. They were allocated Sd.Kfz.131 Marder II so perhaps this was received as a replacement? The white markings include "Braun Ark" on the recuperator housing below the barrel, which was the fluid used in the recoil cylinders.

Péter Kocsis Collection

A Marder sorozat utolsó tagja az itt is látható Marder III Ausf. M volt, ezúttal egy korai, öntött páncélzatú vezetőállással készült példány került lencsevégre (a későbbi változaton ez hegesztett volt). A páncélos egyetlen jelzése a felépítmény függőleges falára festett hasábkereszt. A kezelőszemélyzet a háború utolsó időszakára jellemzően már elég vegyes ruházatot visel, a két bal szélső katona jobb karján a fegyvermester tiszthelyettesek karjelzését is felfedezhetjük, akárcsak a II. osztályú Vaskereszt szalagját a lövegcsövön és a vezetőálláson ülő katonák páncélos tábori zubbonyának felső gomblyukába fűzve.

The last of the Marder series was the Marder III Ausf.M seen here, in this case an early version with the cast driver's hood instead of the welded one. The only visible marking is a Balkenkreuz on the lower vertical side. The mix of crew uniforms is typical for later in the war and both men on the left side have Armourer NCO trade badges on their lower right sleeve. The two men in front also have Iron Cross 2nd Class ribbons in the top buttonhole of their panzer field jacket.

Péter Kocsis Collection

Az Sd.Kfz. 164 Nashorn volt az első sorozatban gyártott páncélvadász, amelyet 8,8 cm-es löveggel szereltek fel. A képen látható, sűrű mintázatú álcafestést viselő példány számos érdekességgel szolgál: a legkülönösebb talán a felépítmény első sarkára épített kiegészítő páncélzat. A járművön ún. „keleti lánctalp" (Ostketten), illetve a kései gyártású StuG III-on használt meghajtókerék van, amely már nem rendelkezett külön csapágyfedéllel, az annak rögzítésére szolgáló furatokba egyszerűen csavarokat tekertek. Úgy tűnik, a lövegcsövet cserélték, és az új elem még csak a hőálló szürke festékkel van bevonva. A páncélos később a 37. páncélvadászosztály (1. páncéloshadosztály) 3. századának állományába tartozott, és az akkori Magyarországhoz tartozó Nagykárolyban (napjainkban Románia) fényképezték le 1944 októberében.

The Sd.Kfz.164 Nashorn was the first series produced anti-tank vehicle to mount an 8.8cm weapon. This heavily camouflaged vehicle has a number of interesting features, the most unique being the additional armor added to the corner of the superstructure. It is also equipped with Ostketten tracks and late StuG III drive sprockets that eliminated the hubcap and had its threaded bolt hole plugged. The gun barrel appears to be a replacement, still in its heat resistant grey paint. This Nashorn is probably from 3.Kp./Pz.Jg.Abt.37 (1.Pz.Div.), seen in Nagykaroly, Hungary (now Romania) during October 1944.

Péter Kocsis Collection

A Jagdpanzer IV volt az egyik leghatásosabb vadász-páncélos. Az itt látható első változat a Pz.IV harckocsikon és StuG. III rohamlövegeken is használt 7,5 cm-es Pak 39 L/48 löveggel volt felfegyverezve, és kezdetben az Ausf. F típusjelölést kapta. A bal oldali géppuska nyílását lezáró, hegesztett lemez és a lövegpajzs alapjának szögletes, a vezető kinézőnyílásának formáját követő széle alapján ez egy korai, 1944 márciusában gyártott példány. Figyeljük meg a gondosan felvitt zimmerit bevonatot!

The Jagdpanzer IV was one of the most effective tank destroyers produced. The first version seen here carried a 7.5cm Pak 39 L/48 gun similar to that used on the Pz.IV and StuG III and was eventually designated the Ausf.F. This vehicle is an early production version from March 1944, as it has the welded cover over the left machine gun port and square bottom corners of the ball mount base plate/collar. It carries a very neatly applied coating of Zimmerit.

A 20. páncéloshadosztály 92. páncélvadászosztályának Jagdpanzer IV Ausf. F vadászpáncélosán számos érdekességet figyelhetünk meg: a legkülönlegesebb a felépítményre zsanérokkal rögzített kötényzet és az első sárvédőre erősített, háromszög alakú tartóvas. A felépítmény felső oldalaira akasztó kampókat hegesztettek, amelyek a felhajtott köténylemezeket tartották pozícióban. A páncélos oldalán látható fehér kerettel szegélyezett „132”-es harcászati azonosítószám valószínűleg piros vagy fekete volt.

This Jagdpanzer IV Ausf.F from Pz.Jg.Abt.92/20.Pz.Div. has a number of interesting features, the most unique being the bent Schürzen plates attached with hinges welded on to the superstructure and to a triangular bracket on the fender. Hooks have also been added around the top edge to secure the Schürzen in the raised position. A tactical number “132” is visible on the side, in either red or black outlined in white.

Péter Kocsis Collection

Itt a köténylemezek felhajtva láthatóak. Ezt az átalakítást valószínűleg azért hajtották végre, hogy a karbantartás, illetve javítás során könnyebben hozzáférjenek a futómű felfüggesztéséhez. A felhajtható első sárvédő szélére hegesztett háromszög alakú vas talán azt a célt hivatott szolgálni, hogy megakadályozza a lánctalp által felkapott törmelék bejutását a kötényzet mögé. További érdekesség, hogy csak a sárvédő elő elemét vonták be zimmerittel. Figyeljük meg a „korong”-mintázatú terepfestést és a frontpáncélzatra erősített szerencsepatkót!

This pictures shows the Schürzen secured in the raised position. The modification was probably done to gain easier access to the suspension for maintenance and repair. The bent bracket welded to the edge of the front mud flap was probably to help keep debris from getting in behind the Schürzen. Other interesting features include Zimmerit only applied to the mud flaps, the disc camouflage scheme, and the lucky horseshoe on the front hull

Péter Kocsis Collection

A járműről készült utolsó képen láthatjuk, hogyan rögzítették a kampókba a felhajtott kötényzetet. Ez egy kései gyártású változat, hiszen a bal oldalon már nyoma sincs a géppuskának, a lövegpajzs alapjának széle is le van vágva és a jobb oldalon a géppuskanyíláson már nagyobb méretű a páncélkúp, így annak helye, 1944. május után ki lett vágva a pajzs alapjából. Figyeljük meg a festési mintázatot a töltőkezelő nyitott búvónyílásának tetején!

This last photo shows how the hooks engaged the Schürzen to hold them up. This is a later production vehicle with the left MG port now completely absent and the lower corners cut from the ball mount base plate. It also has the larger conical cover over the right MG port and related notch cut from the mantlet base, so was built after May 1944. Note the camouflage on the open loader's hatch.

Péter Kocsis Collection

A javítás alatt álló Jagdpanzer IV-ről készült képen jól megfigyelhető, miként voltak a köténylemezek eredetileg felfüggesztve a páncéltestre csavarozott háromszögletű akasztókra. A felnyitott motorháztetőn látható a hűtőrendszer, az eltávolított lövegpajzs pedig rálátást biztosít a löveg gömb alakú házára. A páncéloson csak egy hasábkereszt fedezhető fel a hátsó páncéllemezen.

This Jagdpanzer IV undergoing repair gives a good view of how the Schürzen were normally mounted, using triangular shaped brackets attached to the superstructure. The open engine hatch provides a view of the fan assembly, and with the mantlet removed the ball mount itself is exposed. The only marking is a black/white Balkenkreuz on the rear side plate.

Péter Kocsis Collection

Nagy felületen hiányzik a zimmerit bevonat a homlokpáncélról és a befogadó gömbpajzsról az előző képen is látott Jagdpanzer IV-en. A jobb oldalon nem véletlen az anti-magnetikus anyag hiánya, a géppuska kúpos védőpáncélját ugyanis csak így lehetett kinyitni. A korai gyártású járművek Pak 39 L/48 lövegét még csőszájfékkel látták el, de miután kiderült, hogy nem szükséges, és számos alakulat katonái eltávolították, a későbbi gyártású páncélosokat már nem szerelték fel vele. A cső végi menet azonban megmaradt, ezt egy rátekerhető toldalákkal védték.

It is interesting how much Zimmerit is missing from the front plate and top of the ball mount housing on the Jagdpanzer IV seen in the previous photo. However, the missing Zimmerit on the right side is intentional to allow the conical cover over the MG port to be opened. Early production vehicles had muzzle brakes on the Pak 39 L/48 but it was determined that they weren't necessary so many units removed them and later production vehicles did not have them at all, but the threads at the end of the barrel remained, as seen here.

Péter Kocsis Collection

A Panzer IV/70 (A) – az A betű a gyártó Alkett céget jelölte – egy szükségmegoldás volt, hogy a 7,5 cm-es Kw.K. L/70 löveget a páncélteknő átalakítása nélkül lehessen felszerelni a Pz. IV alvázára. Ennek köszönhetően a kialakított páncélos jóval magasabb lett, mint a „testvére, a Pz.IV/70(V) – Vomag. Az itt látható vadászpáncélos a 2. páncélosezred 7. századában teljesített szolgálatot és a colmari hídfőben lőtték ki 1944 decemberében. Figyeljük meg a felépítmény elejére erősített két kampót, amelyek valószínűleg tartalék lánctagokat tartottak!

The Panzer IV/70(A) – A for Alkett, the manufacturer – was a quick solution to mount the 7.5cm Kw.K. L/70 gun on a Pz.Kpfw.IV without having to modify the chassis. This resulted in a vehicle much higher then its sister vehicle, the Panzer IV/70(V) – V for Vomag. The one seen here is from 7.Kompanie/Pz.Rgt.2 and was knocked out in the Colmar bridgehead In December 1944. Notice the two hooks on the front of the superstructure, probably for hanging track links.

Péter Kocsis Collection

A Ferdinand kifejlesztése többé-kevésbé annak köszönhető, hogy fel kellett használni a Porsche által tervezett és már legyártott Tiger alvázakat. A kurszki bevetésüket követően a megmaradt példányokat újjáépítették és átkeresztelték Elefant-ra. Egy részüket Olaszországban küldték harcba, mint a 653. nehéz-páncélvadászosztály 1. századának itt látható példányát. A fehér „102”-t műszaki hiba miatt hagyta hátra a kezelőszemélyzete, a szövetségesek pedig egy gyűjtőpontra vontatták. A háttérben Shermanok és egy Pz.Kpfw. IV látható. A járművet később az Egyesült Államok-béli Aberdeen kiképzőtáborba szállították, ahol azóta rengeteg páncélos-rajongó – köztük a szerző – vehette szemügyre.

The Ferdinand came about because of the need to use the Porsche Tiger chassis already built. After its use at Kursk, many were subsequently re-built and re-named Elephants, with some being used in Italy by 1.Kompanie/schwere Panzerjäger-Abteilung 653, like the one shown here. White “102” was abandoned due to mechanical problems and it was taken to a collection yard with Shermans and a Pz.Kpfw.IV in the background. It was eventually sent to Aberdeen Proving Grounds in the USA and has been crawled over by many an armor enthusiast, including the author.

Karlheinz Münch Collection

Döntött páncélzatával, 8,8 cm-es ágyújával és laposnak tűnő megjelenésével talán a Jagdpanther testesítette meg leginkább a német vadászpáncélosok kifinomult tervezését. Mindezek azonban nem igazán mentették meg a sorsától ezt a teljesen kiégett Ausf. G1 változatot. Furamód az emelő fa alátétje – noha a futógörgők mindegyikéről leégett a gumi – viszonylag sértetlen maradt.

The Jagdpanther was probably the epitome of the German Jagdpanzer design, with its well-sloped armour, 8.8cm gun and low-slung appearance. Unfortunately, those characteristics didn't help this Ausf.G1, which has thoroughly burnt out with a heavily scorched side and all the rubber burned off of the road wheels. Amazingly, the wooden jack block on the hull side appears relatively intact.

TsAMO

A spektrum másik végét a „parányi" Jagdpanzer 38(t) jelentette. Noha ugyanazzal a 7,5 cm-es Pak 39 löveggel volt felfegyverezve, mint a Jagdpanzer IV Ausf. F, jóval kisebb jármű volt annál és összességében vékonyabb páncélzattal rendelkezett. Ez a két hátrahagyott páncélos 1944 ősze és 1945 eleje között készülhetett, és nagyon jól megfigyelhető rajtuk a BMM gyárra jellemző éles kontúrral festett háromszínű – olívazöld, vörösesbarna és sötétsárga – terepminta – a világosabb felületekről ugyanakkor elképzelhető, hogy nem sárgák, hanem RAL 1001 elefántcsont színűek. A vezető kinézőnyílása alatti két fekete csík megtévesztésre szolgált, hogy az ellenség nehezen észlelje a valódi kinézőnyílást.

At the opposite end of the spectrum was the diminutive Jagdpanzer 38 "Hetzer". It carried the same 7.5cm Pak 39 as the JgPz. IV Ausf.F, but was a much smaller vehicle with thinner armour. These two vehicles are from the fall 1944 or early 1945 production and provide a good view of the BMM factory applied hard-edged camouflage of Olivgrün, Rotbraun and Dunkelgelb, although the lighter areas could be RAL 1001 Elfenbein. Two black lines below the driver's vision port were meant to distract the enemy from the real opening.

Ez a kilőtt járműről készült fénykép kiválóan szemlélteti a Hetzer vékony oldalpáncélzatának sérülékenységét. A parancsnoki változat felépítményének hátsó részén látható a FuG8 rádiókészülékhez használt „D" típusú csillagantenna csonkja. A páncélos szintén 1944 őszén készült a BMM üzemében, és az előzőekhez hasonlóan Gdansk (Lengyelország) közelében fényképezték le.

The vulnerability of the Hetzer due to its thin side armour is clearly demonstrated here by this knocked out vehicle. This is actually a Befehlspanzer 38, as it carries the armoured mount on the hull side for the Sternantenne D which was used with the FuG 8 radio. It is also a fall 1944 BMM produced vehicle and like the two vehicles in the previous photo, is seen near Gdansk, Poland.

Péter Kocsis Collection

Nehéz páncélzatával és 12,8 cm-es lövegével az Sd.Kfz. 186 Jagdtiger félelmetes ellenfél volt, de hatalmas súlya komolyan csökkentette a mozgékonyságát. A képen látható páncélos a 653. nehéz-páncélvadászosztály 2. századában harcolt, a hasábkereszt alá festett fehér szegélyes „211"-es harcászati azonosítószáma fekete volt. A járművet 1944 decemberében, vagy azt követően gyártották, hiszen már a felépítmény közepén is felfedezhetőek a tartalék lánctagok tartói. A katona a vadászpáncélos tetőlemezének támaszkodik, amelynek a belső fele látható. A talajhoz közel felfedezhető tárgy a közelharcfegyver (Nahverteidigungswaffe).

With its heavy armour and 12.8cm gun, the Sd.Kfz.186 Jagdtiger was a formidable opponent but its heavy weight caused serious mobility problems. This vehicle is from 2.Kompanie/s. Pz.Jg.Abt.653 with tactical number "211" in black with a white outline below the Balkenkreuz. It is from a December 1944 or later production as it has the additional set of track stowage hangers in the middle of the superstructure side. The soldier is leaning on the roof plate with the interior side visible including the Nahverteidigungswaffe (close defense weapon), which is the angled tube close to the ground.

Péter Kocsis Collection

A szükség fejlesztést szül! A Wehrmacht számos zsákmányolt járművet rendszeresített, amelyek közül az Olaszországban harcoló 3. páncélgránátos-hadosztály 1944-ben számos angol Universal Carriert átalakított páncélvadásszá. A motortér fedőlemezére három 8,8 cm-es Raketenpanzerbüchse-t rögzítettek, további öt Panzerfaustot pedig tárolókban helyeztek el. A képen látható összes járművön frissen festett sötétsárga és olivazöld álcázófestés látható.

Necessity breeds invention! The Wehrmacht utilized many captured vehicles and these British Universal Carriers have been converted into Panzerjäger by the 3.Panzergrenadier-Division in Italy, 1944. Three 8.8cm Raketenpanzerbüsche 54 (Panzerschreck) rocket launchers are mounted on the engine compartment cover and five Panzerfaust are carried in racks. All nine vehicles are freshly painted with Dunkelgelb and an Olivgrün camouflage pattern.

Péter Kocsis Collection

A hátulról készített fényképen a szokatlan fehér harcászati jelzésen kívül jól látható a sárga hadosztályjelzés is. Előbbi valószínűleg a páncélozott páncélromboló századot jelöli. A frissen felfestett hasábkeresztek igencsak elütnek a többi jelzéstől. A jármű hátuljára rögzített ládákban összesen huszonnégy rakétát tároltak kettesével. A hordszíjak alapján a Panzerschreckeket nem közvetlenül a járműről lőtték ki.

This rear view clearly shows the divisional insignia in yellow along with an unusual tactical sign in white, which seems to indicate an armoured tank destroyer company. The freshly applied Balkenkreuz are quite stark in contrast. Racks were added at the back to carry twelve ammunition crates, each crate holding two rockets. Based on the attached shoulder/carrying straps, it is unlikely that the Panzerschrecks were intended to be fired from the vehicle.

Péter Kocsis Collection

A Sturmgeschütz biztosította a gyalogság számára a mozgékony, közvetlen tűztámogatást. Ezt a StuG. III Ausf. B-t olyan találat érte, amely megrongálta a 7,5 cm-es StuK 37 L/24 lövegét. A páncéloson még a korai meghajtókerék van, amelybe egy kiegészítő távtartót illesztettek, hogy megfeleljen a 40 cm szélességű lánctalphoz. A kép 1941-ben készülhetett a „Barbarossa" hadművelet idején, noha a személyzet egyik tagja még a párnázott barettsapkát (Schutzmütze) viseli. A járművön csupán az ütegen belüli helyét jelölő „C" betű és a hasábkereszt látható.

The Sturmgeschütz provided much needed close mobile artillery support to the infantry. This StuG III Ausf.B has suffered a hit to its StuK 37 7.5cm L/24 gun, causing it to jam in the partially recoiled position. It still has the early sprockets, which had a spacer ring added to allow the 40cm tracks to be used. The background suggests that this picture was taken during Barbarossa in 1941 but notice that one crewmember is still wearing the Schutzmütze padded beret. The only visible markings are the gun-in-battery letter "C" and the Balkenkreuz.

Péter Kocsis Collection

Noha a felépítményt ponyva takarja, a jármű sziluettjéből ki lehet következtetni, hogy egy StuG. III Ausf. A vagy B változatot látunk – utóbbi lehetőséget támasztja alá a sárvédőn látható Notek-lámpa. Az önjáró tüzéralakulat harcászati jelzésén kívül nemigen tudunk más jelzést felfedezni, de a sárvédők szélére rögzített helyzetjelző lámpák mögé erősített védőlemez alapján ez a páncélos a 191. rohamlövegosztályhoz tartozott. A fénykép a Görögország ellen 1941. áprilisban indított „Marita" hadművelet idején készült. Az út szélén a 9. páncéloshadosztály egyik Pz.Kpfw. III Ausf. G harckocsija parkol. Mindkét alakulat a 12. hadsereg (Armee Oberkommando 12) parancsnoksága alá tartozott.

Although a tarpaulin covers the superstructure, the shape clearly shows this to be a StuG III Ausf.A or B, with the Notek light on the fender suggesting it is a B. Although no markings are visible except for the tactical sign of a self-propelled artillery unit, the metal protection plates over the outside position lights on the fenders indicate that it is from Sturmgeschütz-Abteilung 191. It is pictured during Operation Marita, the attack on Greece in April 1941. A Pz.Kpfw.III Ausf.G with the 9.Panzer-Division insignia is parked on the roadside. Both units were part of Armee Oberkommando 12 (A.O.K.12 / 12th Army).

Nationalmuseet i København

A páncélteknő frontlemezére festett „MINEN KOM" felirat alapján ezt a különleges járművet a „Minenkommando Denmark" használta a háború után, amelynek az volt a feladata, hogy eltávolítsa a dán partok mentén lerakott aknákat. A páncélos egy StuG. III Ausf. B, számos olyan feljavítással, amely lehetővé tette, hogy a háború végéig szolgálatban maradjon: a felépítményt és a teknőt zimmeritezéssel látták el, teljes kötényzetet kapott, a kései gyártású lánctalp már lehetővé tette az ún. jégkarmok használatát, tartalék lánctagokat erősítettek a frontpáncélzatra és háromszínű tereptestéssel alcaztak. A fehér szegélyes azonosítószám valószínűleg piros, a hasábkereszten pedig szokatlan fekete keretet láthatunk.

As denoted by the writing "MINE KOM" painted on the front hull, this unique vehicle was used by Minenkommando Danemark after the war to remove mines laid along the Danish coast. It Is a StuG III Ausf.B that has been upgraded with many features that have allowed it to continue service until the end of the war. It has a full coating of Zimmerit, complete set of Schürzen, later style tracks with open ends to allow the fitting of snow cleats, spare track on the lower bow plate and a three colour camouflage scheme. The vehicle number "323" probably has a red infill and the Balkenkreuz is unique with a black outline.

Péter Kocsis Collection

E hátsó nézet alapján nehéz megállapítani, hogy a képen egy StuG. III Ausf. C/D vagy Ausf. E látható, de úgy tűnik, az utóbbiról van szó. A felvétel bevetés közben készült 1941. szeptember közepén Kijev körzetében – figylejük meg a töltőkezelő mögött a felhasznált lőszerhüvelyeket. A sárvédőre erősített tartalék futógörgők lyukaiba a lánctalp pót-csapszegeit dugták, és úgy tűnik, a tartalék lánctalp csapszegét egy csőből levágott gyűrűvel biztosították. A rohamlövegek személyzetei gyakran viseltek rohamsisakot, miként ennek a páncélosnak a parancsnoka is.

It is difficult to determine from the rear view if this StuG III is an Ausf.C/D or E, but it appears to be the former. It is in action during mid-September 1941 around the Kiev area – notice the used shell casings behind the loader. Spare track pins are carried in the holes of the spare road wheels mounted on the fenders, and the spare track appears to be partially secured using a track pin in combination with a mount made from a piece of pipe. As was common for assault gun crews, the commander is wearing a helmet for protection.

Ezen a két StuG. III Ausf. G-n számos olyan jellegzetesség fedezhető fel, amely arra utal, hogy nagyjavításon estek át. Az elöl látható járművet az Alkett gyártotta, ezt a zimmerit-mintázatot csak ott alkalmazták, akárcsak az öntött lövegpajzsot és a hat furattal készült visszafutógörgőket (ez esetben a legkésőbbi, csapágyfedől nélküli változat látható) – mind-ezt 1944. január-szeptember között. Ugyanakkor a bedugaszolt csapágyházzal gyártott meghajtókerékkel csak a Miag készítette a rohamlövegeket. A háttérben látható páncé-loson kései, csapágyház-nyílás nélküli meghajtókerék van és vegyesen szerelték fel hat merevítőbordás (Miag) illetve hat furatos (Alkett) visszafutógörgővel. A zimmerit hiánya arra utal, hogy a páncélos 1944 szeptembere után készült.

These two Ausf.G offer an unusual mix of features that suggest repairs have been made. The vehicle in the foreground is from Alkett, as only they used the waffle pattern Zimmerit, cast steel mantlet and 6-hole return roller (in this case the final version with new style hubcap), all features installed between January and September 1944. However, it carries a drive sprocket with plugged hubcap mounting hole thought to only be used by Miag. The vehicle in the background has a later sprocket with the hubcap hole completely eliminated, and carries a mix of 6-spoke (Miag) and 6-hole (Alkett) return rollers. Its lack of Zimmerit means a post September 1944 produced vehicle.

Péter Kocsis Collection

Ez egy 1945-ös, Alkett gyártású jármű, a legutolsó változatú, alul kis nyúlvánnyal készült vontatószemmel. Szintén utolsó szériás az öntött lövegpajzs a párhuzamosított géppuska számára fúrt nyílással, a löveg csőszájféke, a meghajtókerék és a hat furatos visszafutógörgők. Figyeljük meg a felépítményre erősített átalakított köténylemezt, amelyet több rohamlöveg-alakulat is alkalmazott!

This is a 1945 production vehicle from Alkett, with the final version of the front towing brackets featuring the small projection on the bottom edge. It also carries the final versions of the cast mantlet with coaxial MG hole, muzzle brake with circular plates, and drive sprockets, as well as 6-hole return rollers. Note the field modified skirt armour attached to the upper superstructure, a modification done by a number of StuG units for standoff protection.

Péter Kocsis Collection

Szintén gyakori volt a betonnal megerősitett páncélzat is. Ezen a StuG. III-on igencsak nagy mennyiségben láthatjuk, kiegészítve a felépítményre és a páncélteknő oldalára erősített pót lánctagokkal. A vezető kinézőnyílásán kiolvasható a 105 909 alvázszám, amely az Alkett sorozatába illik, akárcsak a zimmerit mintázata a frontpáncélon. Figyeljük meg, hogy a vezető kinézőnyílásának páncélzatáról hiányzik a bal oldali alsó csavar, illetve, hogy a hasábkeresztet a felépítmény sarkára, a betonra festették! Első ránézésre úgy tűnik, a visszafutógörgőkön nincs se furat, se merevítőborda, de a lyukakon átszűrődő napsugarak felfedik, hogy ezek a hatfuratos változatok.

The use of concrete armour was also common and this StuG III has an extensive coat in combination with spare track on both the superstructure and lower hull. The Fahrgestell (chassis) number 105 909 is visible on the driver's visor which falls within the Alkett production numbers, and the waffle pattern Zimmerit on the glacis confirms this. Notice the missing bolt in the lower left corner of the driver's armour plate, and the Balkenkreuz on the upper corner of the superstructure. At first glance the return rollers do not appear to have spokes or perforations, but dots of sunlight on the inside half show that they are 6-hole versions.

ECPAD

Ahogy a StuG. III-t egyre inkább páncélelhárító fegyverként kezdték alkalmazni, a gyalogság kezdte elveszíteni a szükséges támogatást. Ennek okán fejlesztették ki a StuH 42 rohamtarckot, hogy a gyalogság ismét közvetlen rohamlöveg-támogatáshoz jusson. A járműbe egy 10,5 cm-es L/28-as löveget építettek. A képen látható járművet az Alkett gyártotta 1944 második negyedévében, és ellátta a jellegzetes zimmerit bevonattal is. A felépítmény védelmét betonnal, a páncélteknő frontpáncélját T-34 lánctagokkal erősítették meg.

As the StuG III began to be used more and more as an anti-tank weapon, the infantry lost their much-needed support, which lead to the development of the StuH 42 to provide the infantry with a close support assault gun once again. It mounted a 10.5cm L/28 gun. The vehicle in this photo is from Alkett's second quarter of 1944 production and carries their typical waffle pattern Zimmerit. It also has a heavy coating of concrete on the superstructure, as well as T-34 tracks on the lower front hull.

Péter Kocsis Collection

A 15 cm-es s.I.G. 33 (Sf) auf Pz.Kpfw. I volt a Wehrmacht első járműve, amelyet gyalogsági löveggel szereltek fel, de csak szükségmegoldást jelentett. A jelzések – legfőképp az ajtó belső felületére festett, a páncélosnak az ütegen belüli helyét jelölő „D" betű - alapján ez a jármű a 704. nehéz gyalogsági löveg-századhoz tartozott. A fénykép a Balkánon készülhetett, de a hasábkereszt (amely csupán a fehér szárakból áll) már a Szovjetunió elleni hadjárat idejére utal. A lőszert a sárvédőkre rögzített, illetve a lövegtalpba helyezett fonott kosarakban tárolták.

The 15cm sIG33 (Sf) auf Pz.Kpfw.I was the first vehicle to carry an infantry gun to be produced by the Wehrmacht, but it was a makeshift solution. This vehicle is from s.I.G.Kp.(mot.S) 704 based on the style of markings, particularly the gun-in-battery letter "D" on the inside of the door. The background suggests that the photo was taken in the Balkans, but the style of Balkenkreuz (white outline only) would seem to indicate the Russian front. Ammunition is carried in wicker baskets on the fender and in the gun trail.

Péter Kocsis Collection

A bevagonírozott „A" jelzésű, „Alter Fritz" elnevezésű löveg a 703. nehéz önjáró gyalogsági-löveg-század állományából a balkáni hadjárat elején, 1941-ben. Az alakulatot a 2. páncélos-hadosztály alárendeltségébe utalták, amint azt egyértelműen bizonyítja a felépítmény oldalára és elejére festett hadosztályjelzés. Az önjáró gyalogsági-löveg-század harcászati jelzése a frontpáncél bal szélén látható. Az alakulat mind a hat, egyszínű RAL 7021 sötétszürke lövegére hálót rögzítettek. A franciaországi hadjárat során a felhajtható sárvédőre festett jelzést lefestették. A kezelő a páncélos zubbonyának egyik gombjára egy elemlámpát erősített.

This is gun A "Alter Fritz" from s.I.G.Kp.(mot.S) 703 loaded on a rail car at the start of the Balkans campaign in 1941. It was attached to 2.Panzer-Division as the yellow divisional emblem on the front and side clearly indicates. The tactical sign is for a self-propelled heavy gun company. This unit added wire mesh to the front and sides of all six of their guns and the colour scheme is overall RAL 7021 Dunkelgrau. During the French campaign, a marking was carried on the mud flap, hence the over-painted area. The crewman has a flashlight clipped to one of the buttons of his panzer jacket.

Ezen a képen jól látható, hogyan helyezték a teljes 15 cm-es s.I.G. 33 nehéz gyalogsági löveget a Pz.Kpfw. I Ausf. B alvázára. A lövegen semmit sem változtattak, amennyiben leemelték a járműről, teljes értékű vontatott lövegként lehetett használni. Jelen esetben nem állapítható meg, hogy a tábori, nem szabványos daruval épp leemelik, vagy felhelyezik a fegyvert a páncélosra.

This photo provides a good view of the complete 15cm sIG33 (schweres Infanterie Geschütz 33) gun as it was mounted on the sIG33 (Sf) auf Pz.Kpfw.I Ausf.B chassis. The gun was not modified and could be used in its towed form upon removal. It appears that it has just been removed or is being re-installed on the vehicle using a makeshift timber lifting frame.

Péter Kocsis Collection

A sorozat, ami a s.I.G. 33 (Sf) auf Pz.Kpfw. I önjáró löveggel kezdődött, a legeredményesebb önjáró, közvetlen gyalogsági támogató tarackkal fejeződött be, a Sturmpanzer IV-gyel. A Pz.Kpfw. IV alvázára szerkesztett teljesen páncélozott felépítménybe a s.I.G. 33 lövegből kifejlesztett 15 cm-es Sturmhaubitze 43 tarackot építették be. A képen a legelső változatot, egy valaha jobb napokat látott Ausf. I-t láthatunk.

What started with the sIG33 (Sf) auf Pz.Kpfw.I ended with the Sturmpanzer IV, the last and most successful self-propelled close infantry support howitzer to be built. Fully armoured on a Pz.Kpfw.IV chassis, it mounted the 150mm Sturmhaubitze 43, essentially a development of the sIG33 gun. The vehicle shown here has seen better days, and is the first version, the Ausf.I.

Péter Kocsis Collection

Egy másik Sturmpanzer IV Ausf. I karbantartas kozben. Ezt a járművet egy Pz.Kpfw. IV Ausf. E alvázára építették, a fékek ellenőrző/karbantató ajtajára erősített jellegzetes páncélozott burkolatok pedig egy Pz.Kpfw. III-ról származnak. A vezető kinézőnyílása fölé tábori körülmények között rögzítettek egy esővető lemezt, ám ennél is szokatlanabb a nyílás alsó szélére hegesztett lemez, amelynek minden bizonnyal szintén azt kellett megakadályoznia, hogy az esö bejusson a vezetoterbe.

Another Sturmpanzer IV Ausf.I undergoing maintenance. This vehicle is based on a Pz.Kpfw. IV Ausf.E chassis, with the distinctive armoured air intake covers from scrapped Pz.Kpfw.III added to the brake inspection hatches. A field fabricated sheet metal rain guard has been added over the driver's visor, but more unusually, another plate has been welded to the lower part of the visor and the top of the shot deflector. This was probably meant to stop rain from pooling there.

Péter Kocsis Collection

A kívánalmaknak és feladatoknak megfelelő, német fejlesztésű alvázra épített és elsőként sorozatgyártásba kerülő önjáró tüzérségi eszköz a 10,5 cm-es le.F.H. 18/2 tarackkal felfegyverzett Sd.Kfz. 124 Wespe volt. Ezt a járművet, amely az 1. SS-páncélos tüzérezred (1. „Leibstandarte SS Adolf Hitler" SS-páncéloshadosztály) állományába tartozott, az alakulat rövid, három hónapos olaszországi tartózkodása idején fényképezték le. A lövegcsövön látható három győzelmi karika felfestése szokatlan volt a tüzérségnél, de az „LSSAH" Wespéi legalább nyolc ellenséges harckocsit lőttek ki a kurszki ütközet során. Érdekes a két M1931 mintájú esőköpeny eltérő álcázómintázata.

For all intents and purposes, the Sd.Kfz.124 "Wespe" was the first self-propelled artillery piece on a German chassis to enter production, mounting the 10.5cm le.F.H.18/2. This vehicle is from SS-Pz.Art.Rgt.1/1.SS-Pz.Div."Leibstandarte SS Adolf Hitler (LSSAH)" during their brief 3 month stay in Italy in 1943. The three white kill rings on the barrel are unique for artillery, but the Wespen of LSSAH did destroy around eight tanks during the Kursk offensive. The two different styles of camouflage pattern on the M1931 shelter-quarters are interesting.

Péter Kocsis Collection

A 29. páncélos-tüzérezred I. osztályának (29. páncélgránátos-hadosztály) Wespéi vasúti berakodás közben, valahol Olaszországban. A páncélosokat valószínűleg 1943-ban fényképezték le, útban Szicília felé, ahol a Szövetséges partraszállást kellett volna megakadályozniuk. Meglepő módon a rohamsisakokon kívül alig találunk más felszerelési tárgyakat a járműveken. A jelzések kimerülnek a felépítmény oldalára festett adattáblában és a homlokpáncélra írt ötjegyű „10800" számban. Utóbbi gyakran felbukkan a Wespéken, minden bizonnyal azok súlyára utal. Mivel ennek az adattáblázatban is szerepelnie kellett, nem világos, hogy miért került fel a páncélzatra is. A képen egy teljes üteg (hat egyszínű sötétsárga jármű) figyelhető meg.

Wespen from 1./Art.Rgt.29 of the 29.Pz.Gren.Div. load a train somewhere in Italy, perhaps on their way to Sicily in July 1943 to resist the Allied landings. They have surprisingly little stowage other then the crew helmets, and markings are limited to the loading stencil on the side and a five digit number "10800" on the front corner of the superstructure. This number is seen on many Wespen, and probably represents the vehicle weight, although this weight is also on the loading stencil so it is unclear as to why it would be repeated. The entire battery of six vehicles is visible, all in solid Dunkelgelb.

Péter Kocsis Collection

A 29. páncélgránátos-hadosztály egy másik Wespéje, amely az olaszországi Pizzoferrato közelében került bajba. Ez a páncélos is egyszínű, RAL 7028 sötétsárga és erre is csak a fekete adattáblázat került fel. Jól láthatóak a piros-fehér célzóbotok a jármű hátulján. A műszaki mentésben segédkező Maultier oldalán látható fehér „J" betű valójában az akkori írásmódnak megfelelően egy 'I', amely az Instandsetzungs-Gruppe rövidítése (javítóosztag).

Another Wespe from 29.Pz.Gren.Div. that has come to grief near Pizzoferrato, Italy. It too is in solid RAL7028 Dunkelgelb with only the black loading stencil as its single visible marking. The red and white aiming stakes are quite prominent on the rear plate. The Maultier halftrack in the foreground that is assisting in the recovery is marked with the white "J" signifying an Instandsetzungs-Gruppe (repair group).

Péter Kocsis Collection

A Wespe nagy testvére a 15 cm-es s.F.H. 18/1 nehéz tarackkal felszerelt Sd.Kfz. 165 Hummel volt. A képen – amely ugyanakkor készült Olaszországban, mint a korábban látható Wespe fotó – jól kivehető az 1. „LSSAH" SS-páncéloshadosztály jelzése mindkét Hummel felépítményének ferde frontpáncélzatán. A páncélos-tüzérezred 4. és 5. ütege 6-6 Wespével, a 6. üteg hat Hummellel rendelkezett. A jármű oldalára írt „Horst Gerlach" és alatta a kiolvashatatlan dátum egyértelműen egy elesett bajtárs emlékét őrzi. A páncélosokat a Panzer IV korai gyártású (Ausf. A-E) változataira jellemző láncfeszítőkerekekkel, de a Panzer III kései (Ausf. H) változatú meghajtó kerekekkel szerelték fel.

The Wespe's big brother was the Sd.Kfz.165 "Hummel", mounting a 15cm s.F.H.18/1. Visible is the 1.SS-Pz.Div. "LSSAH" emblem on the front corner of the superstructure of both vehicles, seen in Italy at the same time as the previous photograph of the Wespe. 4th and 5th batteries each had six Wespen, while the 6th battery had six Hummels. On the side of the superstructure is the name "Horst Gerlach" above an unreadable date, both in black with a white outline, no doubt a tribute to a fallen comrade. The vehicles have early Panzer IV Ausf.A-E idlers but later Panzer III Ausf.H drive sprockets.

Péter Kocsis Collection

Ez a keleti fronton lefényképezett Hummel a 20. páncéloshadosztály 92/I. páncélos-tüzérosztályának járműve. A felépítmény elején, a vontatott tüzérség fehér harcászati jelzése és mellette a századot jelölő 1-es felett látható a hadosztály emblémája, egy felfelé irányuló fekete nyíl két félkörív között. Az oldalpáncélzaton egy stilizált, három színből álló Landsknecht-sisak (15-17. századbéli német zsoldoskatona) lehet, amelyre egy alabárdot festettek (14. századi fegyver). A név valószínűleg „Gustav Adolf".

This colorfully marked Hummel on the Eastern front is from 1./Pz.Art.Rgt.92 of 20.Pz.Div. The front part of the superstructure has the black divisional insignia of an upwards pointing arrow between two curved bars, above a simplified white tactical emblem for a towed artillery unit with a "1" in the lower corner. On the side is a halberd (a 14th century pole weapon) superimposed over a tricolor that could be a stylized Landsknecht helmet (15-17th century German mercenaries). The name appears to be "Gustav Adolf".

Péter Kocsis Collection

Noha rendkívül hatásos fegyver volt, a tüzelőállásba mozgatásának hosszadalmas művelete, rövid hatásos lőtávolsága, és a lövedék árulkodó, vaskos füstcsóvája a Nebelwerfer továbbfejlesztését tette szükségessé. Az önjáró, páncélozott Sd.Kfz. 4/1 Panzerwerfer 41-t a 15 cm-es Nebelwerfer 41 egyik változatával szerelték fel. Egy Panzerwerfer-üteg nyolc járműből állt, az alakulatok általában a tüzérségnél használt jelzéseket használták, mint például az itt látható „G" jelzésű sorozatvető. Az MG34 géppuskát a vezetőfülke tetejére szerelt lengőkarra rögzítették. Küllős futógögőket ritkán láthatunk Sd.Kfz. 4/1-en, sokkal gyakoribb volt a negyturatos, vagy a távolabbi járművön kivehető teli görgő.

While an effective weapon, the time it took to deploy towed Nebelwerfers coupled with the short range and telltale smoke from launching, which made it easier for the enemy to locate, led to the development of an armoured, self-propelled version, the Sd.Kfz 4/1 Panzerwerfer 42. It carried a variation of the 15cm Nebelwerfer 41. A Panzer.Werfer-Batterie consisted of eight vehicles and many units marked their vehicles with gun-in-battery style letters, such as vehicle "G" seen here. The crew has mounted their MG34 on the swing arm on the cab roof. Spoked road wheels were not commonly seen on the Sd.Kfz.4/1, with the 4-hole and solid road wheels being much more common as seen on the vehicle to the right.

Péter Kocsis Collection

A légvédelmi járművek és fegyverek általában a Luftwaffe hadrendjébe tartoztak, de a szárazföldi haderő (Heer) is számos ilyen eszközt tartott rendszerben. Az 1940-ben szolgálatba állított, 2 cm-es Flekvierling 38/1 gépágyúval felszerelt Sd.Kfz. 7/1 volt az első önjáró légvédelmi jármű. A Flakvierling a maga nagy tűzgyorsaságával rendkívül hatásos fegyver volt az alacsonyan támadó repülőgépek, illetve a földi célpontok ellen. A képen látható jármű az 1942-ben szolgálatba kerülő II. sorozatban készült, módosított fegyverzetállvánnyal. A vontatott Sd.Ah. 56 utánfutóban lőszert és alkatrészeket tároltak. Figyeljük meg az első sárvédőre rögzített tárolóba helyezett Kar 98K puskákat!

Anti-aircraft vehicles and weapons were generally the purview of the Luftwaffe, although the Heer operated many vehicles as well. The Sd.Kfz.7/1 mit 2cm Flakvierling 38/1 was the first self-propelled mount to carry this weapon, introduced into service in 1940. The Flakvierling was a very effective low level AA gun with its high volume of fire, which also meant that it was quite useful for ground support. This vehicle is a Serie II introduced in 1942 with a redesigned base mount for the Flakvierling. It is towing an Sd.Ah.56 trailer used for ammunition and accessories. Notice the Kar 98K rifles carried in the rack on the front fender.

A SOROZAT EDDIG MEGJELENT KÖTETEI / AVAILABLE IN THIS SERIES

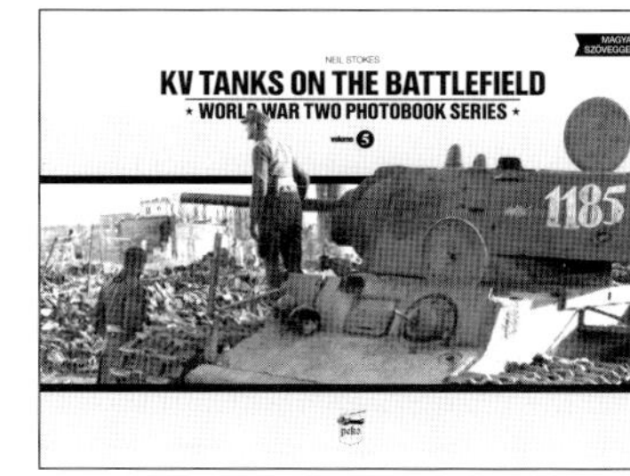

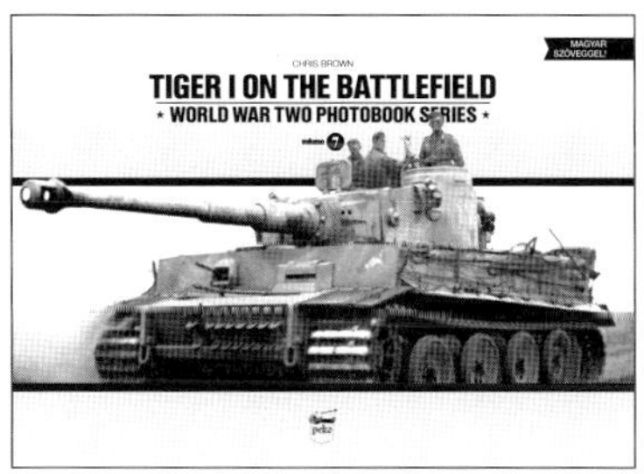

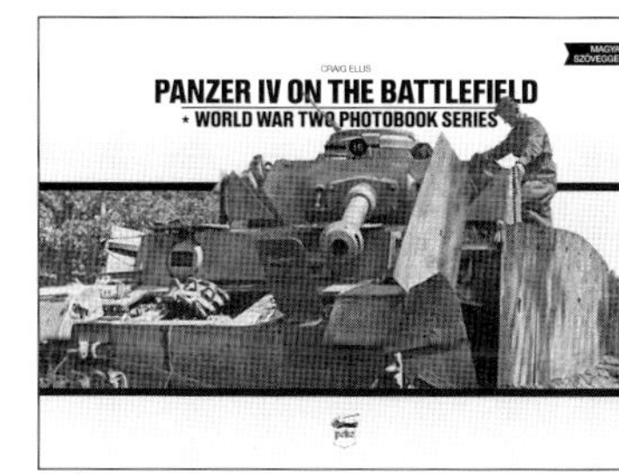

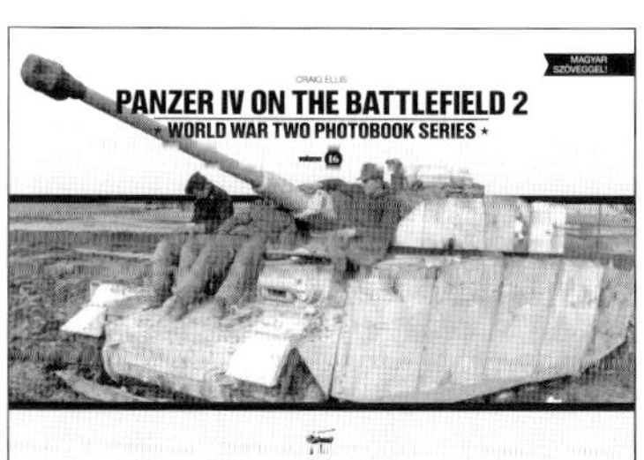

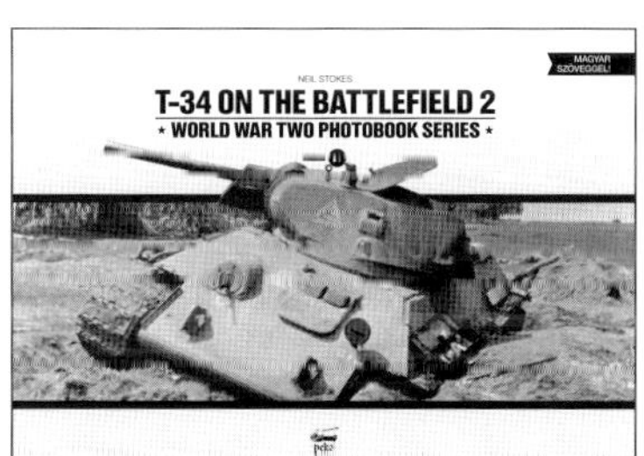

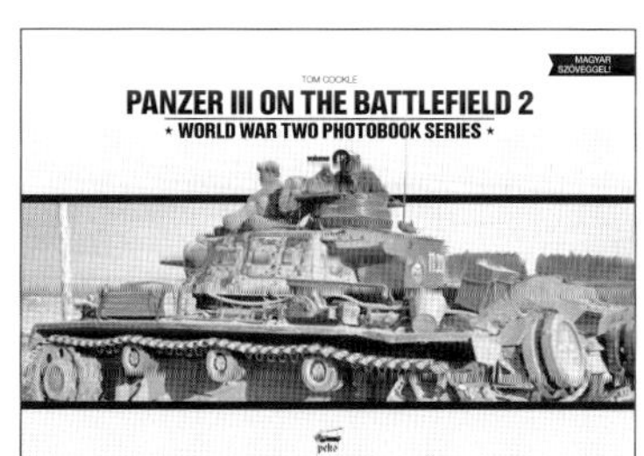

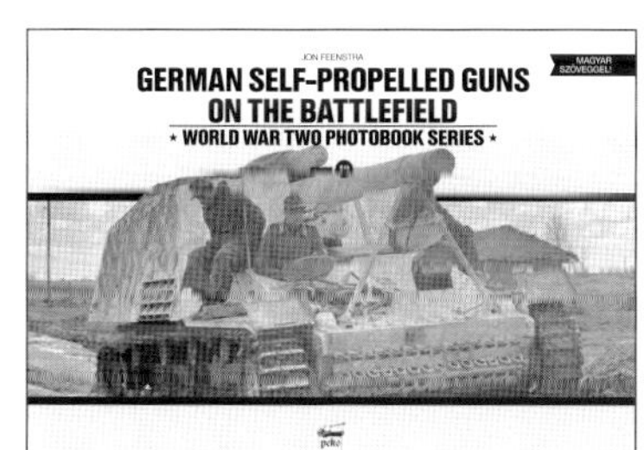

COMING SOON!

TOM COCKLE
GERMAN SUPPORT VEHICLES ON THE BATTLEFIELD
★ WORLD WAR TWO PHOTOBOOK SERIES ★
volume 22
MAGYAR SZÖVEGGEL!
WH-1684568
peko